本書の特色と使い方

この本は，国語の読解《どっかい》問題を集中的《てき》に学習できる画期的な問題集です。苦手な人も，さらに力をのばしたい人も，１日１単元《たんげん》ずつ学習すれば30日間でマスターできます。

①「パターン別《べつ》」と「ジャンル別」トレーニングで読解力を強化する

「指示語《しじご》」や「接続語《せつぞくご》」などを問うパターン別問題に取り組んだあとは，物語，説明文《せつめいぶん》などのジャンル別問題にチャレンジします。さまざまな問題に慣《な》れることで，確《たし》かな読解力が身につきます。

② 反復《はんぷく》トレーニングで確実《かくじつ》に力をつける

数単元ごとに習熟度《しゅうじゅくど》確認《かくにん》のための「**まとめテスト**」を設《もう》けています。解《と》けない問題があれば，前の単元にもどって復習しましょう。

③ 自分のレベルに合った学習が可能《かのう》な進級式

学年とは別の級別構成《こうせい》(12級～１級)になっています。「**進級テスト**」で実力を判定《はんてい》し，選《えら》んだ級が難《むずか》しいと感じた人は前の級にもどり，力のある人はどんどん上の級にチャレンジしましょう。

④ 巻末《かんまつ》の「答え」で解き方をくわしく解説《かいせつ》

問題を解き終わったら，巻末の「**答え**」で答え合わせをしましょう。「**考え方**」で，特《とく》に重要《じゅうよう》なことがらは「**チェックポイント**」にまとめてあるので，十分に理解しながら学習を進めることができます。

JN124629

読解力 **6級**

本書に関する最新情報は，当社ホームページにある本書の「サポート情報」をご覧ください。(開設していない場合もございます。)

1日

言葉をおさえる

月／日

➡答えは65ページ

1 次の文章を読んで、あとの問いに答えなさい。

おっかない店番のばあさんがいる、馬場《ばば》（通称《つうしょう》オニババ）文具店。

二丁目でいちばん早く秋が来るのは、オニババ文具店である。（中略《ちゅうりゃく》）

オニババはおっかないだけでなく、[①]でもある。[②]しているのがきらいなのだ。どの消しゴムを買おうかまよっている女の子がいると、たちまちきげんが悪くなる。「そんなの、どれだって同じだよ、消えればいいんだから」なんてことを言ったりする。レジで計算をしたあとになって、えーと、どこに入れたっけ、と財布《さいふ》をさがす男の子は、「財布はレジを打つ前に出す！」と③一喝《いっかつ》される。

さらにオニババは[④]だった。ためし書きをしたペンをきちんと元の場所にもどさなければ、すぐにおこる。たなに積《つ》んだノートの角が[⑤]そろっていないと気に入らない。おかしを食べながら

(1) [①]・[④]・[⑧]に入る言葉を次からそれぞれ選《えら》び、記号で答えなさい。

ア 口うるさいひと
イ せっかちなひと
ウ 自分勝手なひと
エ ひかえめな性格《せいかく》
オ きちょうめんな性格

①（　　）④（　　）⑧（　　）

ヒント すべて「オニババ」の性格が入ります。

(2) [②]・[⑤]に入る言葉を次からそれぞれ選び、記号で答えなさい。

ア いらいら　イ ふにゃっと
ウ そわそわ　エ ぐにゃりと
オ ぐずぐず　カ ぴしっと

②（　　）⑤（　　）

店に入るのはもちろん厳禁《げんきん》だし、［⑥］ぶらでやってきても、だがし屋から直行したかどうかを［⑦］ざとく見分け、手のよごれている子どもには外のじゃぐちを指さして「洗《あら》ってから！」、手を洗ったあとも「ふいてから！」、Ｔ《ティー》シャツのすそや半パンのおしりでふくと「かわいてから！」、指先のしずくをピンとはじいて飛《と》ばそうものなら「ぬれたらべんしょうさせるよ！」……。

まことに［⑧］なのである。

そんなオニババだから、季節《きせつ》のけじめにも自分なりのこだわりを持っている。

夏は八月三十一日まで。秋は九月一日から。

夕方の空に赤トンボが飛んでいようとも、八月のうちは夏。⑨うだるような残暑《ざんしょ》がつづいていようとも、九月になれば秋。

八月三十一日の夕方、店じまいの前に、オニババはたなのいちばん目立つ場所にならべていた花火をいっぺんにかたづけてしまう。そして⑩九月一日の朝、シャッターを開けるとすぐに小さなワゴンを店先に置《お》く。花火の在庫処分《ざいこしょぶん》セールである。

（重松《しげまつ》　清《きよし》「オニババと三人の盗賊《とうぞく》」）

(3) ——③「一喝」、⑨「うだるような」の意味を次からそれぞれ選び、記号で答えなさい。

ア　暑さをしのぐような。
イ　暑さのためにぐったりする。
ウ　短く大声でしかりつける。
エ　だらだらとしかりつづける。

③（　　）　⑨（　　）

ヒント　初《はじ》めての言葉でも文の前後から考えてみよう。

(4) ［⑥］・［⑦］に入る体に関《かん》する一字の漢字を、それぞれ答えなさい。

⑥［　］　⑦［　］

(5) ——⑩「九月一日の朝……在庫処分セールである」とありますが、これを別《べつ》の言葉で何と表していますか。その言葉を六字でぬき出しなさい。

［　　　　　　］

ヒント　何のためにしていることなのかを考えよう。

2日

指示語《しじご》をおさえる（1）

⬇答えは65ページ

月　日

1 **次の文章を読んで、あとの問いに答えなさい。**

今はともかく、わたしが子どものころは、ペットの大きさはだいたい、家庭の住宅事情《じゅうたくじじょう》と経済事情《けいざいじじょう》のよしあしに比例《ひれい》していたようだ。家に広い庭のあるお金持ちはシェパードやコリーといった大型《おおがた》の犬を飼《か》っており、大きな犬を飼えないうちが小さい犬を飼い、それも飼えないとねこになる。そして、ねこもだめというような子どもが＊縁日《えんにち》でハツカネズミを買ってもらっていたという印象《いんしょう》がある。

もちろん、①それはただの印象であって、じっさいには、豊《ゆた》かな家の子が［②］もあっただろう。

翌年《よくねん》の春には小学校を卒業《そつぎょう》する年のことだった。近くの神社で秋祭りがあった。その神社では、春と秋にそれぞれイベントがあり、春は植木市、秋は祭りだ。いずれも夜店が出るが、春の植木市は、なにしろ植木市なのだから、植木が中心で、植木商にまざって、わたあめやら金魚すくいやらが店を出す。

(1) ——①「それはただの印象であって」とありますが、どのような印象ですか。「〜という印象。」に続《つづ》くように、文中の言葉を使って、二十字以内《いない》で答えなさい。

□□□□□□□□□□□□□□□□□□□□という印象。

ヒント 何についてのどんな印象かを答えよう。

(2) ［②］にあてはまるものを次から選《えら》び、記号で答えなさい。

ア 大きな犬を飼うこと
イ シェパードを飼うこと
ウ 大きいねこを飼うこと
エ ハツカネズミを飼うこと

（　　）

(3) ——③「そのずらりとならんだ夜店」とありますが、どんな「夜店」ですか。文中よりぬき出して答えなさい。

だが、秋の祭りは植木といえばサボテンくらいで、あとは少年少女が胸《むね》をときめかす店ばかりがずらりとならぶのだ。

③そのずらりとならんだ夜店の中のひとつで、ハツカネズミが売られていた。（中略《ちゅうりゃく》）

子どもたちがわいわいさわいで金魚をすくっているのをうしろからながめているおとなたちが、④その場をはなれるとき、べつにため息などはつかない。だが、ハツカネズミ売りの夜店では、ちょっとようすがちがう。おとなたちはしばらくハツカネズミをながめていて、買わずに⑤その場をはなれるとき、かならずといっていいほど、⑥ため息をつくのだ。

そのようすを見て、わたしは、ああ、おとなもハツカネズミがほしいのだ。でも、買って帰れないのだ、と思った。

おとなだから、お金がなくて買えないのではなく、飼うてまを考えて買わないのだろう、ということもわかった。

（斉藤《さいとう》 洋《ひろし》「七つの季節《きせつ》」）

＊縁日＝神や仏《ほとけ》を供養《くよう》して祭りを行う日。

（　　　　　　）夜店

ヒント 指示語《しじご》の指す内容《ないよう》は、前に書かれていることを順《じゅん》にさかのぼってさがすのが原則《げんそく》です。

(4) ――④・⑤「その場」とありますが、それぞれどんな「場」ですか。次から選び、記号で答えなさい。

ア 子どもたちと金魚をながめている場
イ ハツカネズミにおとながさわいでいる場
ウ 子どもたちの金魚すくいを見ている場
エ ハツカネズミをおとながながめている場
オ 子どもたちがハツカネズミを見ている場

④（　　）　⑤（　　）

(5) ――⑥「ため息をつく」とありますが、それはなぜですか。文中の言葉を使って答えなさい。

（　　　　　　）

ヒント 直後の「その（＝ため息をつく）ようすを見て～思った」「～ということもわかった」のです。

3日

指《し》示《じ》語《ご》をおさえる (2)

答えは66ページ

月　日

1 **次の文章を読んで、あとの問いに答えなさい。**

　ヒトの赤ん坊《ぼう》はたいへん大きな声で泣《な》きますが、生まれてすぐにこれほど大きな声で鳴く動物はほかにいません。出産《しゅっさん》直後の＊無防備《むぼうび》な状態《じょうたい》は、母親にとっても赤ん坊にとっても、外敵《がいてき》にねらわれる危険《きけん》がひじょうに大きいためです。なのになぜ、ヒトの赤ん坊だけは大声でなくのでしょう？

　①このあたりに、なぞを解《と》くカギがありそうです。私《わたし》たちは数多くの赤ん坊の泣き声を録音《ろくおん》し、分析《ぶんせき》してみました。すると②興味《きょうみ》深いことがわかってきたのです。生まれたばかりの赤ん坊は、「おぎゃー、おぎゃー、おぎゃー」という単調《たんちょう》な泣き声しか出せません。生みのお母さんでさえ、自分の赤ん坊の泣き声の意味などわかりません。

　ところが、生まれて一カ月をすぎるころになると、赤ん坊の泣き声は、「おぎゃー、ふう、あああーお、あおあお」などと、泣き方に変化《へんか》が出てきます。

(1) ——①「このあたり」とありますが、どんなことを指していますか。次の（　）に文中からぬき出して答えなさい。

出産直後は、母親にも赤ん坊にも、

（　　　　　　）

のに、（　　　　　　）

のはなぜなのでしょう。

ヒント 文中と問いの「〜(な)のに」という表現《ひょうげん》に注目しよう。

(2) ——②「興味深いこと」とありますが、それは何ですか。次から選《えら》び、記号で答えなさい。

ア　ヒトの赤ん坊はたいへん大きな声で泣くこと。

イ　生まれたばかりの赤ん坊は、単調な泣き声しか出せないこと。

ウ　生まれて一カ月をすぎると、大きな声で泣いて意思表示をすること。

（中略《ちゅうりゃく》）

そこで私は「ヒトの赤ん坊は、親をコントロールするために、大声で、いろいろな泣き声を出すようになったのではないか？」という仮説《かせつ》を立ててみました。

大昔、人間の祖先《そせん》は独自《どくじ》の集団《しゅうだん》社会をつくり、みんなで外敵から身を守るようになりました。火や＊石《せっ》器《き》を使うことをおぼえ、トラやオオカミのような肉《にく》食獣《しょくじゅう》に対抗《たいこう》する手段《しゅだん》も持ちました。そのため、赤ん坊が大きな声で泣いても、生命がおびやかされることはなくなったのです。

③そうすると、赤ん坊にとっては、大きな声で泣いて意思表示《ひょうじ》し、④いつも親に世話をやいてもらうほうが生存《せいぞん》に有利《ゆうり》になります。「ミルクがほしい」「おなかが痛《いた》い」「寒い」など、いまの自分がかかえている問題をすぐに親に伝《つた》えられれば、親はその問題を解決《かいけつ》するようにしてくれるでしょうから、赤ん坊が死ぬ確率《かくりつ》はぐっと低《ひく》くなります。

（岡ノ谷一夫《おかのやかずお》「言葉はなぜ生まれたのか」）

＊無防備＝危険や災害《さいがい》などに対する備《そな》えがないこと。

＊石器＝大昔の人が石で作った、おのや矢じりなどの道具。

エ 生後すぐと、一カ月すぎの赤ん坊では泣き方にちがいがあること。（　　）

(3) ――③「そうする」が指すものを、次の（　）に文中からぬき出して答えなさい。

人間の祖先が集団社会をつくり、みんなで（　　　　）、さらに肉食獣への対抗手段も持ち、赤ん坊が大声で泣いても、（　　　　）はなくなる。

ヒント 直後の「赤ん坊にとっては……生存に有利になります」を手がかりに前をおさえます。

(4) ――④「親に世話をやいてもらう」とありますが、これと同じような意味を表す言葉を文中からさがし、十字でぬき出しなさい。

□□□□□□□□□□

ヒント ここは筆者（＝私）の仮説にもとづいた考えです。

接続語《せつぞくご》をおさえる (1)

1 **次の文章を読んで、あとの問いに答えなさい。**

モルモットといっしょに帰宅《きたく》した啓太《けいた》は、ママの前で正座《せいざ》した。パパはサチをひざにだっこして、ソファにすわった。

「今朝はごめんなさい。サチをなかせたこと、あやまります」

ゆかにつくほど、頭を深く下げた。ママも正座して啓太を見下ろしている。

「とびだしたまんま、お昼もぬきで、どこいってたの」

「動物愛護《あいご》センター」

「あら」と、①ママが笑顔《えがお》になった。

「じゃあ、モルモットのひきとり手はさがしてもらえるのね。よかった」

「ちがうんだ。②モルモットはあずかってもらえないんだ。だから……」

③啓太はごくりとつばを飲みこんだ。

↓答えは66ページ

(1) ――①「ママが笑顔になった」とありますが、その理由を「～と思ったから。」に続《つづ》くように、文中からぬき出して答えなさい。

（　　　　　　　　）と思ったから。

(2) ――②「モルモットはあずかってもらえないんだ」とありますが、それはどういうことを意味していますか。文中から十字でぬき出して答えなさい。

□□□□□□□□□□

(3) ――③「啓太はごくりとつばを飲みこんだ」とありますが、このときの「啓太」はどんな様子ですか。次から選《えら》び、記号で答えなさい。

ア　悲しい事実になきそうになっている。

イ　おこっていてうまくしゃべれない。

「おれが飼《か》う」

「なんですって！」

「④おれが責任《せきにん》持って飼います。 ⑤ ……おねがいします」

にぎりしめたこぶしが、ぶるぶるふるえた。モルモットみたいに。 ⑥ 、平気だ。こいつのいのちがなくなることを考えたら、頭を下げるのなんて、ぜんぜん、平気だ。

「今度こそ、ちゃんとめんどう見る。エサ代はこづかいからだすから」

ママは、あーあ、とひたいに手をおいた。それから言った。

「じゃあ、毎月、おこづかいの三分の一、いただきます」

げ。三分の一って。でかっ。いや、いやいや。おれが自分で考えたんだから。

「ありがとう、ママ」

頭を上げた時、パパとサチがV《ブイ》サインをだしているのが見えた。

（はやみず陽子《ようこ》「すてもる」〈佼成出版社刊〉）

ウ　かたくなってのどがかわいている。

エ　決心を言う前なのできんちょうしている。

（　　）

(4) ――④「おれが責任持って飼います」とありますが、「責任」を持つとは、具体的《てき》にどうすることですか。文中の言葉を使って、三十字以内で答えなさい。

ヒント 理由をしめす、「～(だ)から」「おねがいします」に注目します。

(5) ⑤・⑥に入る言葉を次からそれぞれ選び、記号で答えなさい。

ア　また　イ　だから　ウ　とにかく

エ　でも　オ　むしろ

⑤（　　）⑥（　　）

ヒント 空らんの前後の関係《かんけい》を考えよう。

5日 接続語《せつぞくご》をおさえる (2)

↓答えは67ページ

月　日

1 次の文章を読んで、あとの問いに答えなさい。

①森にはたくさんの小さな動物がすんでいます。木の上にはむささびが、木の上と地面にはリスとヤマネコとヒネズミがくらしています。森の地面には、アカネズミ、カゲネズミ、それにハタネズミなど、野ネズミがいっぱいです。そして森の地下には、ヒズミやモグラのなかまがトンネルをほってくらしています。

でも、②森を散歩《さんぽ》していて、これらの動物にであったことのある人は、あまりいないでしょう。山登りがすきで、しょっちゅう山にでかける人でも、これらの動物にあったことのある人は、まずいないのです。

むかしから人間は、森の小さな動物たちのことを、ほとんど考えずにくらしてきました。だから、いまでも人間は、森の小さな動物たちにあう方法《ほうほう》を知らないのです。もし、森の小さな動物たちにあえる方

(1) ――①「森にはたくさんの小さな動物がすんでいます」とあります。その動物について、次の説明の□に、それぞれ四字の言葉を文中からぬき出して答えなさい。

森の地面には、多くの□□□□とリスとヤマネコとヒネズミが、地下の□□□□には、ヒズミやモグラのなかまが、木の高いところには□□□□などがすんでいます。

(2) ――②「森を散歩していて、これらの動物に……いないでしょう」とありますが、なぜ「いない」のですか。次の（　）に入る言葉を、文中からぬき出しなさい。

人間は、（　　　　　）、これまでほとんど考えずに生きてきたため、いまでも（　　　　　）から。

法を知って、あうことができたらどうでしょう。③、あいにきた人間を、動物たちがそれほどこわがっていないことに、わたしたちは、びっくりするでしょう。④、動物たちがさまざまな生活を見せてくれるので、うれしくなるでしょう。⑤、森はとてもにぎやかで、楽しい場所だということがわかるでしょう。

（中略《ちゅうりゃく》）

これらの動物たちのしぐさを観察《かんさつ》する楽しみは、手品師《てじなし》の手品を見る楽しみににています。目のまえで、ふしぎなことがつぎつぎにおこるのです。そして、⑥そのふしぎのからくりを、どうしても知りたくなるのです。

ふしぎのからくりを知るためには、さまざまなくふうをしなければなりません。このたび「であいの箱*」がつくられたことで、いままで見ることのできなかった、からくりまで見えてきたのです。

（今泉吉晴《いまいずみよしはる》「野ネズミの森」）

*であいの箱＝野ネズミたちの食事場として、木の板で作った箱。

ヒント 「むかしから人間は～きました。だから～です」という二文に注目します。

(3) ③～⑤に入る言葉を次からそれぞれ選《えら》び、記号で答えなさい。

ア さて　イ さらに　ウ すなわち
エ まず　オ そして

③（　）④（　）⑤（　）

ヒント 「～（どう）でしょう。」に、③→④→⑤と続《つづ》く三文を順《じゅん》につなぐ言葉です。

(4) ⑥「ふしぎのからくり……知りたくなるのです」とありますが、何を「知りたくなる」のですか。次の□に入る言葉を文中からさがし、それぞれ八字でぬき出して答えなさい。

目前で、□□□□□□□□を観察するうちに□□□□□□□□ふしぎのからくりを知りたくなる。

ヒント 知りたいのは、「手品師の手品」のようなものです。

月　日

時間 20分 [はやい15分・おそい25分]
合格 80点
得点　点

① 次の文章を読んで、あとの問いに答えなさい。

「だって、いま四連覇《よんれんぱ》中だろう。秋も優勝《ゆうしょう》すれば不《ふ》滅《めつ》の大記録《だいきろく》だぞ」たしかに会長さんの言うとおりだった。大会は年に二回、三月と九月におこなわれる。市内の各《かく》小学校から百人近い選手《せんしゅ》が参加《さんか》するその大会で、大ちゃんは個人《こじん》戦四連覇中――四年生の秋から［①］まで連勝記録をのばしつづけている。来週にせまった秋の大会も、優勝こうほの筆頭だった。五連覇を達成《たっせい》すれば史上初《しじょうはつ》の快挙《かいきょ》で、おそらく②二度と破られることはないだろう。それでも、③大ちゃんはなやんだすえに決めたのだ。（中略《ちゅうりゃく》）

白山《はくさん》神社の大会は、はだかになってまわしをきちんとしめるという本格的《ほんかくてき》なものだ。おしりが丸見えだし上半身も隠《かく》せない。四年生のときはそんなことはちっとも気にならなかったのに、五年生になると急にはずかしくなった。せめてまわしの下にトレパンをはかせてくれればいいのに、といつも思っていた。

↓答えは67ページ

(1) ［①］に入る言葉を、五字で答えなさい。（10点）

(2) ――②「二度と破られることはない」、⑦「前人未踏」とありますが、ほぼ同じ意味の言葉を、文中からそれぞれ二字と三字でぬき出しなさい。（10点×2―20点）

②

⑦

(3) ――③「大ちゃんはなやんだすえに決めたのだ」とありますが、何を「決めた」のですか。文中の言葉を使って二十字以内《いない》で答えなさい。（20点）

(4) ［④］・［⑧］に入る言葉を次からそれぞれ選《えら》び、

④、大会が始まると勝負に夢中《むちゅう》になって、⑤そんなはずかしさはわすれていたのだが……いまはもうだめだ。わすれるなんて絶対《ぜったい》に無理《むり》だ。それどころか、三月の大会までの自分のすがたのきおくを消し去ってしまいたいぐらいだった。三月に四連覇をはたしたときは、自信たっぷりだったのだ。友だちから「ヨコヅナ」とよばれ、「市内最強《さいきょう》チャンピオン」とおだてられて、得意《とくい》になっていた。当然《とうぜん》、⑥そのころは秋の大会にも出場して⑦前人未踏《みとう》の五連覇を達成する、と決めていた。

⑧、二学期の始業式の日に、クラスの女子のおしゃべりを立ち聞きしてしまった。（中略）

（女子はいっせいに）「デブっていうのは山田くんみたいなコのことだよ」と言った。

すると、亜矢《あや》ちゃんはきっぱりと言い返したのだ。

「山田くんは超《ちょう》デブだもん。まだ、その下にフツーのデブがいるんだもん」「ひっどーい」

「だって、すもうのときなんかすごいんだよ、おしりぷりんぷりんで、おっぱい、ぽっちゃり、なんだもん」

「やだーっ、なにそれ」ショックだった。泣《な》きたくなった。

（重松《しげまつ》 清《きよし》「ヨコヅナ大ちゃん」）

記号で答えなさい。（5点×2—10点）

ア または　イ さらに　ウ もっとも

エ つまり　オ ところが

④（　　）　⑧（　　）

(5) ——⑤「そんなはずかしさは……いまはもうだめだ」とありますが、そのような気持ちになったきっかけは何ですか。次の（　）に入る言葉を、文中からぬき出して答えなさい。（10点×2—20点）

「超デブの山田くん、すもうのときなんかすごいよ」（　　　　）と（　　　　）が言ったのを聞いたこと。

(6) ——⑥「そのころ」の「大ちゃん」の気持ちを二つ、文中から六字と二字でぬき出して答えなさい。（10点×2—20点）

□□□□□□・□□

場面をつかむ

月　日

1 次の文章を読んで、あとの問いに答えなさい。

けさ、教室に入るなり、(同じクラスの)秋本がそばにやってきた。

「なあ、歩《あゆむ》。きのうのことな」

「あっ、うん、ごちそうさま」

「［①］」

「考えたといってもなあ。どうも、よくわかんなくて、ただ……」

「［②］」

「いや、ただのただだよ。まぁ、おもしろいのが悪いことないし、具体的《てき》にどうすんのかわかんないけど、③やってみてもいいけど」

ぼくの中に、(きのう母さんに秋本の話をしたときの)母さんの笑《わら》い声と笑い顔が残《のこ》っていた。秋本を母さんに会わせたいと思った。

「［④］」

一時限目《いちじげん》のよれいのまったただ中、教室の右すみ、

(1) ［①］・［②］・［④］に入る会話文を次からそれぞれ選《えら》び、記号で答えなさい。

⬇答えは67ページ

ア もっ、森口、おまえたしか
イ 歩、おおきに。おまえ、ええ子やなあ
ウ 歩、ほんま、ほんきで考えといてくれや
エ ただ、ただなんや？　ただほどええもんはないで
オ そっちはどうでもええけど、考えてくれた、おれのこと？

①（　　）②（　　）④（　　）

ヒント 空らんの前後につながりのある言葉がないかをさがそう。

(2) ――③「やってみてもいいけど」とありますが、これを聞いて秋本はどうしましたか。文中から十字以内《いない》でぬき出して答えなさい。

まどぎわの席《せき》の前で、秋本は、ぼくをだきしめた。じょうだんでなく、貧血《ひんけつ》をおこしそうになった。教室の中が静《しず》まったのがわかる。おしゃべりしていたやつも、ノートをうつしていたやつも、走りまわっていたやつも、みんな動きをとめ、⑤ぼくらを見ていた。視線《しせん》がわかる。ぼくは、手足をばたつかせて、ひぇえと、なさけない声をだした。秋本がはなれる。顔中で笑っていた。

「瀬田《せた》くん……」

秋本が自分の席に帰ったあと、となりの森口京美《もりぐちことみ》が声をかけてきた。

「あの……⑥秋本くんと、もしかして、そうなん?」

(中略《ちゅうりゃく》)

森口はぼくのほうに身をのりだし、ささやいた。

「うちな、恋愛《れんあい》て、男とか女とか関係《かんけい》ないいて思うてるの。同性《どうせい》のほうがじゅんすいてこともあるし、へんに打算的*にならないだけ美しいかもしれへん。そうよ、うちのテーマやわ」

(あさのあつこ「The《ザ》・MANZAI《マンザイ》」)

＊打算的=損得《そんとく》を考えて行動すること。

ヒント 何を「やってみてもいい」というのですか。

(3) ⑤「ぼくら」とありますが、だれを指しているかを答えなさい。

(　　　　)

(4) ⑥「秋本くんと、もしかして、そうなん?」とありますが、「そう」とはどのようなことを指していますか。次の□に入る言葉を、文中から二字でぬき出して答えなさい。

□□をしているということ。

ヒント すぐあとで、そのことをくわしく「ささやい」ています。

(5) この文章は二つの場面に分けることができます。二つ目の場面のはじめの五字を答えなさい。

□□□□□

ヒント 新しい場面での登場人物をおさえよう。

あらすじをとらえる

1 **次の文章を読んで、あとの問いに答えなさい。**

　お父さんが死んでしまって、こっちのアパートへ引っ越《こ》してくるとき、芽衣《めい》は飼《か》っていた猫《ねこ》と別《わか》れたのだ。ギンは二年前に、お兄さんがひろってきた猫だった。ギンは死んだのではなく、もらわれていったのだ。でもそれは、芽衣にとってはどっちでも同じようなものだった。こっちのアパートでは動物を飼うことは禁止《きんし》されていた。

「しかたがないな。かわいそうだけど」とお母さんは言った。芽衣は言い返すことができなかった。①しかたがないことのような気がした。

　ギンは近所の、お母さんの知り合いにもらわれていくことになった。その村野さんという人は、猫好《ず》きということだった。②それでも、と芽衣は思う。引っ越しぐらいのことで知らない家にやられてしまう猫にしてみれば、きっと何を信《しん》じたらいいか、わからなくなってしまうだろう。ギンは何も言わずに、

↓答えは68ページ

(1) ――①「しかたがないことのような気がした」とありますが、なぜ「しかたがない」のですか。文中の言葉を使って答えなさい。

（　　　　　　）

(2) ――②「それでも、と芽衣は思う」とありますが、「芽衣の思い」に**あてはまらない**ものを次からすべて選《えら》び、記号で答えなさい。

ア　もうしわけない　　イ　けなげだ　　ウ　うれしい

エ　うらやましい　　オ　かわいそう

（　　　　　　）

(3) ――③「ちゃんとその家の子の顔になっていた」とありますが、どういうことですか。「〜という様子。」に続《つづ》くように答えなさい。

（　　　　　　）

会ったこともない人のところへもらわれていったのだった。

引っ越してから、芽衣は一度だけ、お母さんといっしょに村野さんの家に行った。

村野さんの家は、まえの家の近くの坂を上ったところだった。広々とした庭のある家だった。手入れされた庭のまん中に、大きい木が一本立っていた。冬でも葉をつけたままの木は芝生《しばふ》に大きな黒いかげをつくっていた。村野さんは、ほかにも西洋猫を三匹《びき》飼っていた。どの猫もすらりとしたあしをしていて、毛はつやつやしていた。その中で、太ったぶち猫のギンは少しだけみすぼらしかった。それでもギンは、③ちゃんとその家の子の顔になっていたのだ。

③芽衣がよぶと、ギンはじっと芽衣を見つめた。それから、ああ、そういえばという顔になって、そろそろと老人《ろうじん》のような足どりで芽衣に近づいてきた。芽衣が頭とのどをなでてやると、ごろごろとあいさつするようにのどをならした。④ギンは芽衣をうらんでいるような目でみたりはしなかった。

（岩瀬成子《いわせじょうこ》「さらわれる」）

という様子。

ヒント「その家の子の顔」をわかりやすく言いかえます。

(4) ――④「ギンは芽衣を……みたりはしなかった」ありますが、これと同じような意味を表す一文をさがし、はじめの五字を答えなさい。

□□□□□

ヒント「うらんでいない目」と同じ意味の動作をさがそう。

(5) 次のことがらを、起こった順《じゅん》にならべ、記号で答えなさい。

ア 猫好きの近所の人に、ギンはだまってもらわれていった。

イ 引っ越しするアパートでは、ペットが禁止だとわかった。

ウ お兄さんが猫のギンを、どこからかひろってきたのを飼っていた。

エ ギンは思い出したような顔をして、ゆっくり芽衣に近づいてきた。

（　→　→　→　）

9日 心《しん》情《じょう》を読み取る

答えは68ページ

月　日

1 **次の文章を読んで、あとの問いに答えなさい。**

ジィージィージジジジジ……

アブラゼミの鳴き声って、どうして、こう、あつくるしいんだろう。

ベッドにたおれているだけで、じっとりあせをかいていた。南に面した二階の六畳間《じょうま》。ひとりむすめには家中でいちばんよい場所を、と両親があたえてくれた美月《みづき》の部屋だが、その愛情《あいじょう》が①夏には*あだとなる。お日さまの愛情をもたっぷりあびて室内の気温はぐんぐん上昇《じょうしょう》。なのに、この部屋にはクーラーがない！

とーさんは買ってくれると毎年約束《やくそく》はするくせに、「シーズンまえは高い」だの、「すずしくなったから今年はもう必要《ひつよう》ないな」だの。けっきょく、さいしょから、そんなつもりはないんだ。

まどのむこうに青い空が広がっていた。むくむくと立ちあがるカリフラワーみたいな積雲《せきうん》は、まった

(1) ――①「夏にはあだとなる」とありますが、どういうことが「あだ」となるのですか。文中からさがし、次の□に十一字でぬき出して答えなさい。

家でいちばんの場所である□□□□□□□□□□□をあたえてくれたこと。

ヒント 「夏には」とあることに注目しよう。

(2) ――②「ふりまわされているのに……できない」とありますが、このことを別《べつ》の表現《ひょうげん》で何だといっていますか。次の□に十字でぬき出して答えなさい。

□□□□□□□□□□だ。

ヒント 直前の「それって、自分とはるひの関係～」から「風鈴」のことだとわかります。

くうごいていない。風がないのは、カーテンレールにつりさげた風鈴《ふうりん》が、チリンッとも鳴らないのを見てもわかった。もっとも、この風鈴は、鳴ってほしいとき鳴らなくて、鳴らなくてもいいようなとき、たとえばぐっすりねむりたい真夜中に鳴りつづけたりする、美月には手におえないしろものだけど。

金魚ばちの形をした風鈴。中を赤いガラスの金魚がおよぎまわる。去年の夏、山形へ家族旅行した、はるひのおみやげ。

思いどおりに鳴らなくても、なぜだか美月は、この風鈴をはずしてしまえなかった。それって、自分とはるひの関係《かんけい》ににていると思う。②ふりまわされているのに、はなれることができない。

美月は、③まったくゆれる気配のない風鈴をうらめしげに見あげた。

しかも、夏休みさいごの一日だというのに、きょうは月末《げつまつ》の日曜日。朝からおとなたちのはしゃぐ声が階下でひびいている。

（斉藤栄美《さいとうえみ》「教室―６年１組がこわれた日」）

＊あだ＝害《がい》になるもの。

(3) ――③「まったくゆれる気配……見あげた」について、次の問いに答えなさい。

① 「まったくゆれる気配のない風鈴」と同じような表現を文中からさがし、十五字でぬき出しなさい。

② ここから読み取れる「美月」の気持ちを次から選《えら》び、記号で答えなさい。

ア まったくゆれない風鈴が、鈍感《どんかん》なはるひそっくりで、自分だってそうなりたいという気持ち。

イ ゆれない風鈴が、周《まわ》りを気にしない自由なはるひと重なり、自分もそうなりたいと思う気持ち。

ウ ままならない風鈴に、自分とはるひの関係を重ねて、うらみたくなるような気持ち。

エ 動く気配のない風鈴に、何を考えているかわからないはるひを思わせて、うらみたいような気持ち。

（　　）

ヒント 「風鈴」は何をたとえているかを考えよう。

10日

心《しん》情《じょう》のうつり変《か》わりをつかむ

➡答えは69ページ

月／日

1 次の文章を読んで、あとの問いに答えなさい。

ぼくたちは、*ハンザキの淵《ふち》の前に、ならんですわりこんでいた。ふたりの間には、ロウソクのカンテ*ラが一つと、竹のぼうが一本。竹のぼうは、しっかりとすなにつきさしてある。これが、オオサンショウウオをつる仕かけだった。

竹のさおには、五メートルほどの太いタコ糸が、しっかりとむすばれ、その先には大きなウナギつり用のはりがついている。はりの三十センチ上には、オモリの石がしばられ、エサは昼間とったサワガニだ。

トモは、あっという間に、この仕かけを作ると、エサをつけ、ハンザキの淵に投げ入れた。とにかく、その手ぎわのよさには感心するしかなかった。

「トモってさ、すごいよな」

「何が？」

「①いろんな仕かけを、全部作っちゃうだろ。カンテ

(1) ――①「いろんな仕かけを、全部作っちゃう」とありますが、「作っちゃう」理由を文中から三つさがし、ぬき出して答えなさい。

（　　　　）

（　　　　）

（　　　　）

ヒント 理由を表す「～から」に注目しよう。

(2) ――②「へーっ」とありますが、このときの「ぼく」の心情としてあてはまるものを次からすべて選《えら》び、記号で答えなさい。

ア 心配　イ 尊敬《そんけい》　ウ 納得《なっとく》
エ 安心　オ おどろき

（　　　　）

(3) ――③「トモは、少してれて」とありますが、トモがてれかくしに言ったせりふがあります。それがもっとも表れているせりふを文中からさがし、ぬき出して答

ラも箱メガネも、ヤス＊もカゴ＊も、このつりの仕かけも……」

「まあ毎度のことだから、なれてるだけだ。それに、遊び道具を作るのも、遊びの一つだからな」

「②へーっ」

「つまんないことで、感心するなよ」

「だって、遊び道具を作るなんて、考えたこともなかったから……」

「いなかにゃ、何にも売ってないからな」

③トモは、少してれてわらった。

「毎日、こんなすごいことやってるんだ」

「川遊びなんて、べつにすごくはないぜ」

「ううん、すごいよ。ぼうけんだよ」

「けっ、都会もんのいうことは、大げさだ！」

④トモは、都会もんとばかにしたけれど、ぼくは本当にそう思った。⑤以前《いぜん》お父さんとやった魚つりは、少しも楽しくなかったのに、今日は本当に楽しかった。これは、いったい、どうしたことなんだろう。

（阿部《あべ》夏丸《なつまる》「オオサンショウウオの夏」）

＊ハンザキの淵＝オオサンショウウオがいる、川の深いところ。

＊カンテラ＝ロウソク立て。　＊ヤス・カゴ＝つりに使う仕かけ。

えなさい。

（　　　　）

ヒント　トモのせりふを順《じゅん》におさえ、「もっとも表れている」ものを選ぼう。

(4)　――④「そう思った」とありますが、どう「思った」のですか。「すごいと思った。」に続《つづ》くように、文中から十字でぬき出して答えなさい。

□□□□□□□□□□すごいと思った。

ヒント　「都会もん」が「考えたことも」ないことです。

(5)　――⑤「以前お父さんと……楽しかった」とありますが、それはなぜですか。「魚つり」「遊び道具」の言葉を使って答えなさい。

（　　　　）

ヒント　同じ「魚つり」なのに、なぜお父さんとやった魚つりとはちがう気持ちになったのかを考えてみよう。

原因《げんいん》・理由をつかむ

1 **次の文章を読んで、あとの問いに答えなさい。**

（死んでいたモグラは）かならずといっていいほど、皮ふに小さなあなが開いています。これは肉食動物がかみ殺《ころ》したしょうこです。［①］、体のほねがどこかおれているのも見つかります。（A）

モグラはするどい歯を持っていますが、この歯は年を重ねるにしたがってすりへっていきます。（B）

それでは、死んでいたモグラの歯を見てみましょう。すると、そのほとんどがとてもきれいな歯をしています。［②］、これらはわかいモグラで、しかも、その年に生まれた生後一、二か月といったところと考えられます。「わかいモグラが親からはなれてひとり立ちしたときに、肉食動物にかまれて死んだ」という③仮説《かせつ》に、とてもうまく合うことになります。（C）

（中略《ちゅうりゃく》）

では、④道で死んでいたモグラは、なぜ食べられて

(1) この文章には、次の二文がぬけています。この二文が入るか所をA～Fから選《えら》び、記号で答えなさい。

一年のうちで、春先に一度だけ子どもが生まれるので、歯のすりへり具合は、年ごとに段階的《だんかいてき》にちがってきます。これにより、だいたいの年齢《ねんれい》がわかります。

（　　）

(2) ［①］・［②］・［⑤］にあてはまる言葉を次からそれぞれ選び、記号で答えなさい。

ア つまり　イ ところで　ウ なぜなら
エ しかし　オ そして

①（　　）②（　　）⑤（　　）

(3) ――③「仮説に、とてもうまく合う」とありますが、その理由を二点、それぞれ「死んでいたモグラは」に続《つづ》けて答えなさい。

・死んでいたモグラは

（　　）

↓答えは69ページ

しまわなかったのでしょうか？(D)
多くの人は、「モグラがくさいから」というふうに説明《せつめい》しています。たしかに、モグラは独特《どくとく》のにおいを持っています。[⑤]、人が感じるにおいと、けものが感じるにおいはだいぶちがいますから、ぼくたちの感覚《かんかく》だけで説明してしまうのも問題があるように思います。(E)
ぼくの知り合いは、モグラがかならず日当たりのよい道の、真ん中あたりの目立つ場所に置《お》かれているので、「あれは、モグラをほしているのではないか」と考えているようです。なるほど、ひものにすれば魚のようにおいしく食べられる、というのは考えられなくもありません。(F)
じっさいにタヌキのふんから、モグラのほねが出てくることがあります。モグラが道ばたで死んでいるのは、たまたまそこを人がよく歩くから、見つかるだけなのかもしれません。でも、もしかしたら肉食動物は、モグラの死体を自分のなわばりの目立つところに置いて「ここは自分の場所だ」という自己《じこ》主張《しゅちょう》に、使っているのかもしれませんね。
(川田伸一郎《かわだしんいちろう》「はじめましてモグラくん」)

・死んでいたモグラは
（　　　　　　　　　　）

ヒント 理由の説明には文末《ぶんまつ》を「〜から。」とします。

(4) ――④「道で死んでいた……でしょうか？」とありますが、この理由について、次の問いに答えなさい。
① 「多くの人」の説明は、どんなことに問題がありますか。文中から二十字以内《いない》でぬき出して答えなさい。

こと。

② 筆者はどのような可能性《かのうせい》を考えていますか。次の□に合うように、文中の「なわばり」という言葉を使って、二十字程度《ていど》で答えなさい。

に使っている可能性。

12日 まとめテスト (2)

月　日

時間 20分 [はやい15分・おそい25分]
合格 80点
得点　点

↓答えは70ページ

1 次の文章を読んで、あとの問いに答えなさい。

モグラのもうひとつの①特徴《とくちょう》は、短いしっぽでしょう。さて、②なぜしっぽが短いのでしょうか？　(中略《ちゅうりゃく》)

モグラはびっくりすると、(後ろむきで)かならず後方へにげるようです。こわれているかもしれないトンネルの前方へにげるよりは、通ってきた後方へにげた方が安全だということを、体でおぼえているのでしょうね。(A)

このとき、しっぽが長かったらどうでしょう。自分のしっぽをふんづけて、うまく後ろへ行けないかもしれません。せまい空間で、長いしっぽはじゃまになります。後ろむきに、速いスピードでにげるなんてことは、できません。だから、モグラのしっぽは短くなっている、と考えられています。(B)

モグラ以外《いがい》にも、世界には、土の中でくらす小ほ乳類《にゅうるい》がたくさんいます。それらの種《しゅ》はほとんどみんな、短いしっぽを持っています。つまり、しっぽが

(1) この文章には、次の一文がぬけています。この一文が入るか所をA～Eから選《えら》び、記号で答えなさい。(20点)

どうやら、体全体でゆれを感知するモグラは、しっぽの毛までも、感覚《かんかく》そうちとして利用《りよう》しているようです。

(　　)

(2) ――①とありますが、もぐらのほかにこのような「特徴」をもつ動物を何といっていますか。文中からさがし、十一字でぬき出して答えなさい。(15点)

□□□□□□□□□□□

(3) ――②とありますが、その理由を文中の言葉を使って四十字以内《いない》で答えなさい。(20点)

□□□□□□□□□□ (×4行)

短いという特徴は、土の中での生活にはとても合っているのです。（C）

それじゃあ、しっぽなんて、なくなればいいんじゃないの、って？　たしかに、そのとおりです。でも、ぼくがこれまでに調べてきたモグラの中で、完《かん》全《ぜん》にしっぽがなくなっているものはありません。一番短いもので、四から五ミリメートルくらいの、外見からはほとんどわからないような、しっぽを持つものがいます。③なぜ、こんなしっぽが残《のこ》っているのでしょうね。（D）

しっぽが一五ミリメートルくらいの日本のモグラの場合、かれらがトンネルの中を進む映像《えいぞう》を見ると、ときにしっぽでトンネルの天井《てんじょう》などにふれながら、移動《いどう》するのが見てとれます。（E）

ところが、しっぽが四、五ミリメートルでは、おしりから生えている毛よりも短いので、こんなものが役に立つとは考えにくいからです。もしかしたらこのモグラのしっぽには、ほかにも何かやくわりがあるのかもしれません。あるいは、いずれ本当にしっぽがないモグラに進化するのかもしれませんね。

（川《かわ》田《だ》伸《しん》一郎《いちろう》「はじめましてモグラくん」）

(4) ――③とありますが、それに対して筆者はどのような考えをのべていますか。二点ぬき出して答えなさい。（10点×2―20点）

（　　）

（　　）

(5) この文章を大きく二つに分けるとしたら、前半はどこで終わりますか。A～Eから選び、記号で答えなさい。（　　）（10点）

(6) (5)で分けた二つのまとまりは、どのような関係《かんけい》になっていますか。次から選び、記号で答えなさい。（15点）

ア 前半で挙《あ》げた疑問点《ぎもんてん》について、後半でその答えをしめしている。

イ 前半の疑問点とは少し方向性《せい》を変《か》えた疑問点を後半で挙げている。

ウ 前半の疑問点について、後半で補足説明《ほそくせつめい》をしている。

エ 前半の疑問点について、後半でその要点《ようてん》をまとめている。

（　　）

話の展開《てんかい》をつかむ

↓答えは71ページ

月　日

1 **次の文章を読んで、あとの問いに答えなさい。**

〔バイオリンの練習のために、ぼくは長崎《ながさき》をはなれて東京で一人ぐらしをはじめることになった。〕

のりちゃんのお母さんは、まるで、①ぼくのことを、じぶんの子どものように、かわいがってくれた。ぼくに、ばんごはんをごちそうしてくれたり、わざわざ、おひるのおべんとうを、つくってくれたりした。

「あんたは、えらいね。」のりちゃんのお母さんは、いつもぼくに、そういった。

「さびしくないのかい？」それはさびしかったけど、

「もう、だいじょうぶ。なれました。」

（中略《ちゅうりゃく》）

のりちゃんと、のりちゃんのお母さんのおかげで、ぼくは、「ひとりぼっち」じゃない、とおもうことができた。

ただ、のりちゃんと、のりちゃんのお母さんを見ていると、②長崎へ帰りたいな、というきもちが、わ

(1) この文章には、次の一文がぬけています。この一文が入る直前の言葉を、五字で答えなさい。ただし、句読《くとう》点《てん》や記号も一字と数えます。

そういう、かきだしで、いつも、きせつのことや、花のことや、かぞくのことを、かいてくれた。

ヒント (5)とあわせて考えよう。

(2) ──①「ぼくのことを……かわいがってくれた」とありますが、その中でぼくが思ったことを次からすべて選《えら》び、記号で答えなさい。

ア さびしいと感じたことは一度もなかった。

イ 何度もほめてくれるのが照《て》れくさかった。

ウ じぶんのほんとうの家族のことがしきりと思い出された。

エ とてもやさしくしてくれるけれども、重荷にも感じていた。

いてきた。

とてもやさしくしてくれるけれど、のりちゃんのお母さんは、やっぱり、のりちゃんのお母さんでしかない。ぼくは、じぶんの、ほんとうのお母さん、そして、父さんや、弟や妹にあいたいな、とおもった。

母さんからは、毎週、手紙がきた。

〈元気ですか。こちらは、みんな元気です。〉

おくってくれるお金が、すくないことを気にして、〈お金は、たりていますか？〉と、しんぱいし、〈学校が休みになって、はやくあえるのを、たのしみにしています。〉と、かいてあった。

そして、いつも、かならずさいごに、おなじことばが、あった。

〈おまえを、しんらいしています。母より。〉

母さんは、口さきだけでなく、ほんとうに、ぼくをしんらいしていた。学校や下宿の人や、のりちゃんのお母さんから、こっそり、
③「うちの子は、まじめにやっていますか？」なんて、きいたことなどなかった。

（さだまさし「23時間57分のひとり旅」）

オ　のりちゃんのお母さんは、ぼくのお母さんの代わりにはならない。

（　　）

ヒント 選択肢《せんたくし》には必《かなら》ず本文にあてはまるところがあります。

(3) ――②「長崎へ帰りたいな、というきもち」とありますが、それが具体的《てき》に書かれている一文をさがし、はじめと終わりの五字を答えなさい。

□□□□□ ～ □□□□□

(4) ――③「『うちの子は、……』なんて、きいたことなどなかった」とありますが、それはなぜですか。文中の言葉を使って答えなさい。

（　　）

(5) この文章は二つに分けることができます。後半のはじめの五字を答えなさい。

□□□□□

段落《だんらく》の構成《こうせい》をつかむ

↓答えは71ページ

月　日

1 次の文章を読んで、あとの問いに答えなさい。

[1] ファスナーは、いまでは日常《にちじょう》生活に欠《か》かせない道具のひとつとして、さまざまな衣服《いふく》、カバンなどにはば広く使われている。あまりに日常化した道具なので、そのありがたみを人々はほとんど意識《いしき》していないと言っていいだろう。

[2] でも、たとえば男性《だんせい》のズボンや女性のスカートのファスナーが、電車に乗っていたり歩いているときに、自然《しぜん》にはずれてしまうことがあったら、どうだろう。カバンの口があいてしまったらどうだろうか。人々は、ファスナーにはそんなことはない、と信用《しんよう》しきっている。信頼《しんらい》できるから、こんなに広く普及《ふきゅう》したと言える。（中略《ちゅうりゃく》）

[3] では、ファスナーはどのようにできているのだろうか。手近なカバンや筆入れなどのファスナーを手にしてみよう。

[4] ファスナーはエレメント（留金具《とめかなぐ》・務歯《むし》）とスライ

(1) この文章には、次の段落《だんらく》がぬけています。この段落が入る直前の段落番号を答えなさい。

そして、スライダーのなかにも、左右の歯をある一定の角度でかみあわせては閉《と》じさせ、逆《ぎゃく》方向に動かす場合にはそれを開かせる、精密機械《せいみつきかい》のような役割を果たすしかけがある。

（　　）

ヒント 「そして」が、どの内容《ないよう》とつながっているかを考えよう。

(2) ——①「エレメントは交互にずらしてテープに植えつけてある」とありますが、「植えつけ」の精密さが求《もと》められることがよくわかる表現《ひょうげん》を、文中から二十字でさがし、はじめの五字を答えなさい。

ヒント 同じ言葉が使われているところです。

ダー（開閉《かいへい》部分）と、エレメントを植えつけるテープ（布地《ぬのじ》）という三つの部品でできている。エレメントを日本では古くから務歯とよんできた。かみあう歯車の歯の役目を果《は》たすからだろうか。エレメントは突起《とっき》した頭部の下がくびれ＊ている。並《なら》んだくびれに、向かいあう頭部が入ってかみあうように、①エレメントは交互《こうご》にずらしてテープに植えつけてある。そのずれたエレメントを強制的《きょうせいてき》に＊湾曲《わんきょく》させて、かみあわせたり離《はな》したりの役割《やくわり》をするのがスライダーである。

5 たったそれだけである。でも、エレメントが今日の形状《けいじょう》にたどり着くまでには、長い研究《けんきゅう》の歴史《れきし》がある。左右の歯のかみあいの精度《せいど》が高くなければ、ほんのわずかのガタでもあろうものなら、毎度の開閉で「ガタがガタをよんで」たちまちファスナーはゆるんでしまう。また、テープにエレメントを植える場合の、ひとつずつの歯の間隔《かんかく》は、左右で一〇〇分の一ミリのズレも許《ゆる》されないのだという。

6 たった三つの部品の組み合わせではあるが、三つの部品のひとつひとつが高い技術《ぎじゅつ》を秘《ひ》めているから、［　②　］

（小関智弘《こせきともひろ》「道具にヒミツあり」）

＊くびれている＝細くなっている。　＊湾曲＝曲がって弓形になること。

(3) 次は、この文章の段落の内容《ないよう》です。それぞれにあてはまる段落番号を答えなさい。

① ファスナーの精度
② ファスナーの信頼度
③ ファスナーの普及度
④ ファスナーの形状とはたらき
⑤ ファスナーについての問題提起《ていき》

①（　　）　②（　　）　③（　　）
④（　　）　⑤（　　）

ヒント 「問題提起」は、問いかけと考えていいでしょう。

(4) この文章の結論《けつろん》となる**6**段落の［　②　］に入る言葉を次から選《えら》び、記号で答えなさい。

ア ファスナーは広く使われているのだろうか。
イ ファスナーは信頼され普及しているのであろう。
ウ ファスナーが人々に信用されているのにちがいない。
エ ファスナーのありがたみを意識していないのかもしれない。

（　　）

月　日

1 次の文章を読んで、あとの問いに答えなさい。

長崎《ながさき》で、いちばん大きな神社は、諏訪《すわ》神社だ。

むかしから諏訪神社のことを、町の人たちは、したしみをこめて、〈おすわさん〉と、よんでいる。けいだいはひろく、ふかい森だけではなく、どうぶつ園や、広場や、ぶたいまであるし、公園には、茶《ちゃ》店《みせ》まであるくらいだ。

そんな［①］は、小さなころから、ぼくのたいせつな、あそび場だった。

ぼくが、三さいのおわりごろのことだ。

おすわさんの、春のおまつりの日に、けいだいのぶたいで、町の子どもオーケストラが、えんそう会をひらいた。バイオリンの合そうだった。

たくさんの子どもたちが、いっせいに、たのしそうにバイオリンをひいていた。

母さんとあそびにきていたぼくは、それを見て、②「ぼくも、バイオリンをならいたい。」と、いった。

(1) ［①］にあてはまる言葉を文中からさがし、ひらがな五字で答えなさい。

□□□□□

↓答えは72ページ

(2) ――②「ぼくも、バイオリンをならいたい」とありますが、その動機《どうき》（きっかけ）は何ですか。次から選《えら》び、記号で答えなさい。

ア 町の子どもたちのオーケストラがとてもさかんなこと。
イ 子どもたちとの楽器のえんそうが好《す》きだったこと。
ウ 春のおまつりのえんそう会がとてもたのしかったこと。
エ 子どもたちがバイオリンをたのしそうにひいていたこと。

（　　）

ヒント 直前に「それを見て」とあります。

「ちゃんとれんしゅうするなら、お父さんに、たのんであげるよ。」と、母さんは、いった。

「ちゃんと、れんしゅうするから。」

ぼくは、ゆびきりをして、やくそくした。

「楽器《がっき》をべんきょうするのは、お金がかかるなあ。」

父さんは、すこし、③こまったようすだったけれど、

「おとなになって、楽器がひけたら、いいなあ。」そういって、バイオリンを買ってくれた。（中略《ちゅうりゃく》）

ぼくは、五年生と六年生のときには、バイオリンの全国コンクールにでて、賞《しょう》をもらうほどになった。（中略）

六年生の秋、東京の、ゆうめいなバイオリンの先生から、④「中学生になったら、東京へでてきて、わたしのそばで、れんしゅうしなさい。」と、すすめられた。コンクールのせいせきがよかったから、ぼくは、とても、きたいされていたわけだ。

でも、⑤これにはなやんだ。

じつは、なん年かまえに、父さんの会社が、つぶれてしまったのだ。それで、ぼくの家は、父さんと母さん、弟と妹、そしてぼくの、かぞく五人が、くらしていくのが、せいいっぱいだった。


（さだまさし「23時間57分のひとり旅」）

(3) ――③「こまったようす」とありますが、その理由を二十字以内《いない》で、「〜から。」に続くように文中よりぬき出して答えなさい。

□□□□□□□□□□□□□□□□□□□□から。

(4) ――④『中学生になったら……』と、すすめられた」とありますが、「すすめられた」理由にあたる一文を文中よりさがし、はじめの五字をぬき出しなさい。

□□□□□

(5) ――⑤「これにはなやんだ」とありますが、なぜ「なやんだ」のですか。次から選び、記号で答えなさい。
ア 先生の期待にこたえられそうにないから。
イ 生活が苦しいのに、自分だけ東京には行けないと思ったから。
ウ 長崎から一人で東京に行くのが不安だったから。
エ 前ほど、バイオリンがうまくなりたい気持ちがなかったから。

（　　）

16日

結《けつ》論《ろん》をつかむ

⬇答えは72ページ

月　日

1 **次の文章を読んで、あとの問いに答えなさい。**

まずはお米のごはんやパンの大切さについて話しておきましょう。お米のごはんやパンを食べないでいると、わたしたちはいったい、どうなってしまうと思いますか？（中略《ちゅうりゃく》）①太りすぎの人が体重をへらすためのいちばん正しい方法《ほうほう》は、毎日たくさん運動をして、多くのエネルギーを使うことです。

そのわけは、こういうことです。毎日運動をつづけていると、体を動かす筋肉《きんにく》の量《りょう》がふえていきますね。筋肉がふえると、運動していないときでも体がたくさんエネルギーを使うようになるのです。[②]

[③]、とにかくわたしは、早く体重をへらしたかったので、いちばんやってはいけない方法を選《えら》んでしまいました。食べ物の量をへらしたのです。とくに、お米のごはんやパンをほとんど食べないようにしました。その結果《けっか》、④これはとても危険《きけん》な方法だということがわかったので、[⑤]

(1) ——①「体重をへらすため……エネルギーを使うことです」とありますが、それが「正しい」理由が書かれているところを文中からさがし、はじめと終わりの五字を答えなさい。

□□□□□ ～ □□□□□

(2) [②]・[⑤]・[⑦] に入る文を次からそれぞれ選び、記号で答えなさい。

ア　みなさんはぜったいにまねしないください。
イ　みなさんなら心が弱ってしまうことでしょう。
ウ　それで、体は太りにくくなっていきます。
エ　そして、体はどんどんやせほそっていきます。

②（　　）　⑤（　　）　⑦（　　）

ヒント 「～ので」「～のですが」のちがいから考えます。

(3) [③]・[⑥] に入る言葉を次からそれぞれ選び、記号で答えなさい。

わたしは五か月で体重を目標《もくひょう》までへらすことに成《せい》功《こう》しました。そのかわり、体にはさまざまな変化《へんか》が起こったのです。お米のごはんやパンを食べる量をへらしはじめてしばらくすると、体を動かすことがめんどうになってきました。そのうちに、体だけでなく、頭でものごとを考えることすら、いやになってきました。エネルギーがたりなくなって、体の細《さい》胞《ぼう》や脳《のう》の神経《しんけい》細胞がうまく働《はたら》けなくなったからです。

さらにたいへんだったのは、「自分はみじめで、だめなやつなんだ」と、どんどん気持ちが暗くなっていったことです。［⑥］、なにもする気がなくなっていきました。

わたしは脳の研究者《けんきゅうしゃ》だから、どうして自分の気持ちがこうなってしまったのかを細かく考えることができました。まるで実験《じっけん》をしているかのように、楽しむこともできました。だから、わたしはだいじょうぶだったのですが、［⑦］

こうして、［⑧］と、心も体もどんどん弱っていってしまうということが、わたし自身の体を使った実験で明らかになりました。

（川島隆太《かわしまりゅうた》「元気な脳が君たちの未来《みらい》をひらく」）

ア　または　　イ　そして

ウ　ところで　　エ　しかし

③（　　）　⑥（　　）

(4) ――④「とても危険な方法だということがわかった」とありますが、どんな「危険」が発生したのですか。文中から二十二字でさがし、はじめと終わりの五字を答えなさい。

□□□□□～□□□□□

(5) 最後《さいご》の一文が、この文章の結論《けつろん》です。［⑧］に入る言葉を次から選び、記号で答えなさい。

ア　毎日運動をつづけていない

イ　お米のごはんやパンを食べる量をへらさない

ウ　お米のごはんやパンをきちんと食べない

エ　脳の研究者として細かく考えない

（　　）

ヒント 文章のはじめの二文に注目しよう。

月　日

時間【はやい15分・おそい25分】20分
合格 80点
得点　　点

1 次の文章を読んで、あとの問いに答えなさい。

[1] ジュウシマツのオスは、求愛《きゅうあい》のために歌をさえずります。また、よりふくざつな歌をうたえるオスほど、メスをひきつける力が強いことがわかっています。

[2] なぜ、ふくざつな歌をうたうオスは、メスをひきつける力が強いのでしょう？　ふくざつな歌をうたって目立つということは、敵《てき》に見つかる危険《きけん》も大きいということです。「自己《じこ》の生存《せいぞん》」のためには、むだでバカげたことでしかありません。

[3] しかし、発想をてんかんすると「ふくざつな歌をうたえるということは、それだけ余力《よりょく》があるしょうこ」という見方もできます。頭脳《ずのう》がすぐれ、体力があり余《あま》っているからこそ、危険をおかしてバカげたことにエネルギーを使えるのです。

[4] ［①］メスとしては、じゅうぶんな余力を持つオスと交尾《こうび》すれば、より生存にてきした子孫《しそん》を残《のこ》せる可能性《かのうせい》が高まります。だからメスは、よりふくざ

(1) ［①］・［③］にあてはまる言葉を次からそれぞれ選《えら》び、記号で答えなさい。（10点×2―20点）

ア　しかし　　イ　いっぽう　　ウ　むしろ
エ　まず　　オ　ところで

①（　　）　③（　　）

(2) ――②「自分自身が生き残る」とありますが、ほぼ同じ意味の言葉を文中からさがし、五字でぬき出して答えなさい。（20点）

(3) ――④「メスはより『余力』のあるオスにひかれる」とありますが、このときメスにはどんな目的《もくてき》があるのですか。「～という目的。」に続《つづ》くように、文中から十五字でぬき出して答えなさい。（20点）

［　　　　　　　　　　　　　　　］という目的。

↓答えは73ページ

つな歌をうたうオスにひかれる……と考えられるのです。

[5] オスが求愛のために危険でむだな行為《こうい》をするのは、ジュウシマツだけではありません。クジャクのオスがメスに向かって羽根を広げるディスプレイ、ウグイなどの魚のオスがはんしょく期*に体をあざやかに染《そ》める「こんいん色」、ゴクラクチョウのオスがおどる求愛ダンスなども同じことです。いくら羽根やひふを美しくいろどっても、②自分自身が生き残るうえではむだな行為です。［　③　］、目立つことによって*天敵《てんてき》にねらわれる危険が高まってしまいます。

[6] しかし、羽根やひふを美しくするためにエネルギーを使えるということは、そのオスは体力も頭脳も充実《じゅうじつ》しているということです。だからこそオスはわざと危険なことをして、「オレはこんなにむだができるほど、余力があるんだぞ」というメッセージをメスに送り、④メスはより「余力」のあるオスにひかれると考えられるのです。

（岡ノ谷一夫《おかのやかずお》「言葉はなぜ生まれたのか」）

*はんしょく期＝動物や植物がどんどんふえる時期。
*天敵＝その動物にとって、最《もっと》もおそろしい敵となる動物。

(4) この文章の構成《こうせい》について正しいものを次からすべて選び、記号で答えなさい。(20点)

ア [1]は事実をのべ、[2]はその事実についての疑問《ぎもん》や問いかけをしている。
イ [3]と[4]では、[2]と同様の見方をしめしている。
ウ [5]は[1]や[2]とは反対の例《れい》を挙《あ》げてくらべている。
エ [5]はいろいろな例を並列《へいれつ》して説明《せつめい》している。
オ [6]は他の例もふまえて、前にのべた内容《ないよう》と同じ結《けつ》論《ろん》をのべている。

（　　　）

(5) この文章の結論を次のようにまとめました。□に入る言葉を文中からさがし、十九字でぬき出して答えなさい。(20点)

オスが求愛のために危険でむだな行為をするのは、□□□□□□□□□□□□□□□□□□□で、メスはそこにひかれる。

月／日

↓答えは74ページ

1 次の文章を読んで、あとの問いに答えなさい。

上りの線路と下りの線路に、ひとつずつホームがあり、それぞれのホームの線路のない側《がわ》には柵《さく》が立っていた。

駅舎《えきしゃ》のとなりには、売店があった。

わたしの家で、というより、近所で、〈売店〉といえば、その売店をさした。いまでいうコンビニエンスストアのようなものだ。

それがK《ケー》町の駅だった。その駅の下りのホームと道を一本はさんだところに、わたしの家があった。

厳密《げんみつ》にいうと、わたしの家の前に、どうにか車がすれちがえるほどの道があり、そして、そのむこうがはば数メートルの空き地で、そのまたむこうが下りのホームなのだ。当時、その駅は急行も準急《じゅんきゅう》も停《てい》車《しゃ》せず、各駅《かくえき》停車の電車しか止まらなかった。急行や準急は、ひとつ東京よりの駅で各駅停車を追いこす。だから、うちの前のホームを下りの電車が通過《つうか》

(1) ――①「下りの電車に……まにあった」とありますが、なぜ「まにあった」のですか。次の（　）に文中から言葉をぬき出して答えなさい。

K駅には（　　　　）ず、急行や準急はひとつ前の駅で（　　　　）から。

ヒント 接続語《せつぞくご》「だから」の前に注目しよう。

(2) ――②「それ」が指すものを三つ答えなさい。

（　　　　）（　　　　）（　　　　）

(3) ――③「工事をはさんだ」とありますが、それでK駅はどのように変《か》わりましたか。あてはまらないものを

していけば、まもなく各駅停車がくる。①下りの電車に乗ろうと思ったら、通過列車がホームをとおりすぎてから家を出れば、まにあった。（中略《ちゅうりゃく》）

それが何年の何月だったか、はっきりとはおぼえていない。あるとき、工事があって、駅舎のとなりの売店はなくなり、線路は四番線までふえ、*跨線橋《こせんきょう》の上に、駅の施設《しせつ》も売店もうつってしまった。

幼年期《ようねんき》がどこで終わり、少年期がどこではじまるのか、そして、思春期はいつからなのか、②それは何年何月何日からと線がひけるわけではない。しかし、わたしの少年期はその工事ののち、数年間はつづいたと思う。

③工事をはさんだおよそ十年間のできごとの中には、いま思い出しても、*ふにおちないことがいくつもある。おとなになってから考えれば、そういうことのたいていは、あれはこう、これはああと、合理的《てき》に説明《せつめい》できるのだろうが、小さいころは、④ふしぎは、いわば生《なま》のふしぎのままで眼前《がんぜん》にあらわれ、すうっと消えていくのだ。

（斉藤《さいとう》　洋《ひろし》「K町の奇妙《きみょう》なおとなたち」）

＊跨線橋＝線路の上をまたがってもうけた橋。
＊ふにおちない＝なっとくできない。

次からすべて選《えら》び、記号で答えなさい。

ア　売店がなくなった。
イ　線路のホームがふえた。
ウ　きっぷの窓口《まどぐち》と改札口《かいさつ》がへった。
エ　駅舎が線路をまたいだ上に作られた。
オ　地上にはホームと柵はすでにない。

（　）（　）

(4)　――④「ふしぎは……消えていくのだ」とありますが、このことを説明した文として正しいものを次から選び、記号で答えなさい。

ア　眼前の「生のふしぎ」が疑問《ぎもん》のまま合理的に説明できなかった。
イ　次々に「生のふしぎ」があらわれては消え、とまどうばかりだった。
ウ　いくつもの「生のふしぎ」が、なっとくできないままで消えていった。
エ　眼前にあらわれたふしぎは、「生のふしぎ」のままに自然《しぜん》に受け入れられていった。

（　）

月　日

1 **次の文章を読んで、あとの問いに答えなさい。**

(夜店の)ラムネ屋は流行《はや》っていた。

アリサの威勢《いせい》のいいよび声にさそわれて、お客さんが［①］やってくる。「まいどありー。」も、ホントのお店屋さんみたい。

「すごい。なんか、なりきっちゃってる。」

「［②］」てれくさそーにアリサは笑《わら》った。「［③］」

「へー、お店、やってんだ。」

「うん、駅前でね、フィリピン料理《りょうり》の店を。」

「フィリピン……？　なんか、かわってるね。」

「かわってないよ。だって、ウチのママ、フィリピン人じゃん。」

④「……」

ヘンな間があいてしまった。なんてまぬけなリアクションなんだろって、自分でもわかってるんだけど、でも、あたし、びっくりして……。

「あれ、いってなかったっけ？」アリサの大きなひ

↓答えは74ページ

(1) ［①］・［⑥］に入る言葉を次からそれぞれ選《えら》び、記号で答えなさい。

ア めったやたらに　イ しどろもどろに

ウ ひっきりなしに　エ とりとめもなしに

①（　　）　⑥（　　）

(2) ［②］・［③］・［⑤］に入る会話文を次からそれぞれ選び、記号で答えなさい。

ア わかった。わかった。　イ エヘヘ……。

ウ あたし、ハーフなんだよ。だから、こんなに色が黒いんじゃん。

エ あたしンち、お店やってて、いそがしいときにはてつだったりしてるから。

②（　　）　③（　　）　⑤（　　）

(3) ――④「『……』ヘンな間があいてしまった」とありますが、その理由を、文中から二十字でぬき出して答えなさい。

とみがまっすぐこっちを見ていた。

も、もしかして、アリサをきずつけちゃったのかも。そんなつもりじゃないの。あたしがだまってしまったのは、ただ、知らなかったから、びっくりしたからで……。

「　⑤　」

「そ、そ、そんな……、そんなに、黒くないよ。」

フォローしなくちゃ、そう思えば思うほど、［　⑥　］なる。

「て、て、手足も長いし、か、顔も、いまはまだパーツがアンバランスだけど、お、おとなになったら、きっと、ぜったい美人になる……。」って、なにをいってんだ、あたしはー。

あははははは。

アリサが大きな声をたてて笑った。

「⑦気をつかわなくてもいいよ、つーか、おまえ、それ、フォローになってねーって。」

そのとき、⑧あたしは、アリサの笑った顔がきれいだと思ったの。浅黒《あさぐろ》いはだの色とまっ白い歯が笑顔《えがお》ににあってる、って。（花形《はながた》みつる「ぎりぎりトライアングル」）

ヒント 理由を表す言葉に注目しよう。

(4) ——⑦「フォローになってねーって」とありますが、何に対して言ったのですか。それが書かれている文を二つさがし、それぞれのはじめの五字を答えなさい。

［　　　　　］・［　　　　　］

(5) ——⑧「あたしは、アリサの……にあってる、って」とありますが、どういうことですか。次の説明《せつめい》の（　）に、文中の言葉をぬき出して答えなさい。

（　　　　）のではないかと思っていたのに、（　　　　）て、ぎゃくにあたしを（　　　　）してくれた。そのアリサの笑った顔は、とてもきれいに見えた。

20日 物語を読む (3)

答えは74ページ

月　日

1 次の文章を読んで、あとの問いに答えなさい。

自分のカゴをのぞいた。ハヤのおすは、大きくなると、あごはブツブツができて黒ずみ、腹《はら》は美しいオレンジ色になる。こんなハヤを、あかんばやとよんでいた。

「大きい」サチは、ひとりごとのように言うと、釣《つ》りにもどった。えさをつけなおし、テツオにならびかけて、そろりと淵《ふち》にしかけを入れた。ゆらゆらとおりていくしかけを見ながら、サチは、あと五ひきは釣りたいと思った。①そのぐらい釣らなければ、魚がタマの口に入ることはなかった。

いちばん食い意地がはっているのはシロで、おいしいものをあげると、ウーウーうなり声をあげながら、前脚《まえあし》でえさをおさえつけてガツガツと食べる。とっくみあいがいくら強くても、こんなときばかりは、キジもたじたじしている。だから、キジの分は、シロから少し離《はな》れたところにおいてやらなければい

(1) ――①「そのぐらい釣らなければ、魚がタマの口に入ることはなかった」とありますが、それはなぜですか。次の□に文中の言葉を使って、①は十字以内《いない》、②は十五字以内で答えなさい。

タマは、すぐに①□しまい、子猫たちが②□だから。

ヒント 猫の話は、第三、四段落《だんらく》に書かれています。

(2)「シロ」と「キジ」について、あてはまるものを次からそれぞれ選《えら》び、記号で答えなさい。

ア 安全なところでさえ、たじたじとしている。

イ 安全なところにはこんでも、えさを横取りされる。

ウ たじたじとしているときもあるのだが、とっくみあいは強い。

けなかった。母猫《ははねこ》のタマは、もっと気の毒《どく》だった。キジだって、シロが自分のえさを食べ終えて横取りにやってくれば、ウーッとうなって、安全なところにはこんでから食べた。シロも、そこまで追いかけていくようなことはしなかった。

［②］、タマときたら、自分の食べているものをシロがほしがればシロに、キジがほしがればキジにさっとゆずってしまう。［③］、子猫たちが食べているのを満足《まんぞく》そうに見ているばかりなのだ。サチは、そんなタマをずっと見てきた。［④］、どうしても、タマにもまわる分だけの魚は釣りたかった。

流れの上に何かの影《かげ》がやってきてぴたりと止まった。カワセミ*だとすぐにわかった。カワセミは、見上げたときには、もう飛《と》び去っていた。サチは、釣り竿《ざお》をゆっくり持ち上げて魚をさそった。もういちどさそったとき、コツンッという感触《かんしょく》があり、小さな魚のふるえが指先につたわってきた。

⑤「サチのひとりぶたいになったね」テツオは、自分のしかけを引き上げてから、そのまましずめた。

（笹山久三《ささやまきゅうぞう》「やまびこのうた」）

*カワセミ＝スズメぐらいの大きさの川辺《かわべ》にすむ鳥。

エ　いちばん食い意地がはり、えさを横取りしようとする。

シロ（　　）　キジ（　　）

(3) ［②］〜［④］にあてはまる言葉を次からそれぞれ選び、記号で答えなさい。

ア　だから　イ　あるいは　ウ　そして

エ　ただし　オ　ところが

②（　　）　③（　　）　④（　　）

(4) ――⑤「サチのひとりぶたいになったね」とありますが、なぜそういえるのですか。次の□に二十字以内で答えなさい。

しかも、サチばかりが続《つづ》けてハヤを釣ったから。

ヒント「ひとりぶたい」の言葉の意味を考えよう。

脚《きゃく》本《ほん》を読む

➡答えは75ページ

月／日

1 **次の脚本《きゃくほん》を読んで、あとの問いに答えなさい。**

彦市《ひこいち》　あっはっは、そぎゃん見たかかな？　なら……その隠《かく》れ蓑《みの》と引き替《か》えで貸《か》そうか？

天狗《てんぐ》の子　え？　隠れ蓑？　……そらァいかん。こら大切なもんだけん誰《だれ》にも貸しちゃならんておとっちゃんにいわれとるもん。

彦市　わあ、こんだまた東が勝ったばい。わあ面白《おもしれ》え。こォら面白え。さあ、こんだどっちが勝つかな。

天狗の子　見せてェ。彦市どん見せてェ。

彦市　隠れ蓑ば貸さにゃ。

天狗の子　うん……すんなら、ちっとの間ばい。

彦市　①すんなら貸そうたい。（釣《つ》り竿《ざお》と隠れ蓑を取り替える）

天狗の子　ちっとの間ばい。大切に持っとってはいよ。……こらァ……はァ、こら何《なん》も見えん。……こらどぎゃんして見ッとな？　……はあ、なんも見えんたい。……彦市どん……彦市どん……こらどぎゃんして……なあ彦市どん……あれ？　彦市

(1) ――①「すんなら……取り替える)」とありますが、天狗の子の気持ちは、どのように変《か》わったのですか。次の（　）に文中から言葉をぬき出して答えなさい。

（　　　　）という父親の教えを守るつもりだったが、

（　　　　）なら貸してもいいと変わった。

(2) ②～④に入る「せりふ」を次からそれぞれ選《えら》び、記号で答えなさい。

ア　そらまためずらしかもんば着とンなはるな。

イ　彦市どん……はれ、おらん。どぎゃんしゅうかい？　彦市どん……彦市どォん。こらどぎゃんしゅうかい？　彦市どォん。彦市どォん。

ウ　なあ、返して。返せ。返さんか？　返さんかちゅうに。……出てこんな。……ようし、おとっちゃんにいいつくるぞ。……うふん、よか。よか。いいつけてやるけんよか。見とれ。いんま見とれ……（泣きながら去る）

どん、何処《どけ》ェ行ったつな？　②

彦市の声　天狗どん、そら貴方《ああた》がなれんけんたい。なれれば何でッよう見ゆる。

天狗の子　あれ、貴方は隠れ蓑ば着てしもたつな？

彦市の声　なあ、隠れ蓑も大切だろばってん、この遠眼鏡《とおめがね》も俺《おれ》が大事大切の宝《たから》もんだけん、どうだろうか？　③

天狗の子　（びっくりして）そ、そらァいかん、そォらいかん彦市どん。おとっちゃんに怒《おこ》らるる。

彦市の声　まあよかたい。その遠眼鏡と引き替えなら、おとっつァんも怒りはしなはらん。

天狗の子　（泣《な》き声で）いかんいかん、そらいかん。こら何も見えやせん。こらァただの釣り竿たい。なあ、返して、なあ。

彦市の声　……

天狗の子　④

彦市　（姿《すがた》を現《あらわ》して）あっはっは。天狗の癖《くせ》して弱虫《よわむし》が、泣きべそかいて行きよった。あっはっは。さあよか物《もん》ば手にいれたぞ。（中略《ちゅうりゃく》）⑤俺ァやっぱり、評判《ひょうばん》にたがわん嘘《うそ》つきの大名人ばい。あっはっは。

（木下順二《きのしたじゅんじ》「彦市ばなし」）

エ　いっちょ取り替えちゅう事《こつ》にしゅうじゃなかかな？

②（　　）　③（　　）　④（　　）

(3) 天狗の子の疑問《ぎもん》や不安に対して、彦市はうまい言い訳《わけ》をしています。その彦市の言い訳を二つぬき出し、はじめと終わりの五字で答えなさい。

□□□□□～□□□□□

□□□□□～□□□□□

ヒント　まず、天狗の子の疑問や不安はどのせりふかをさがそう。

(4) ——⑤「俺ァやっぱり、評判にたがわん嘘つきの大名人ばい」とありますが、なぜそういえるのですか。次の□に、字数（①九字、②六字、③十二字）に合わせて、文中の言葉をぬき出しなさい。

①はじめは□□□□□□□□□ともちかけ、②□□□□□□である遠眼鏡を、③□□□□□□□□□□□□と言葉たくみにおしつけ、隠れ蓑をだまし取ったから。

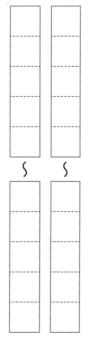

月　日

時間 20分【はやい15分・おそい25分】
合格 80点
得点　　点

↓答えは75ページ

1 次の文章を読んで、あとの問いに答えなさい。

〔*無言館《むごんかん》のある信州塩田平《しんしゅうしおだだいら》に住む春おばさんを、ぼくはたずねた。〕

わたされたスケッチブックの表紙をとじているひもを解《と》いた。［①］②以前《いぜん》は白っぽい表紙だったのだろうけれど、黄色く色が変《か》わってしまっている。

（中略《ちゅうりゃく》）

（表紙を開けると）モデルは全て同じ人。春おばさんにちがいない。顔の輪郭《りんかく》や、目、鼻、口…よく似《に》ている。③描《えが》いている人の春おばさんに対する気持ちが伝《つた》わってくるような絵ばかりだ。

（中略）

「この絵のモデルは春おばさんでしょ？」

ぼくが聞くと、春おばさんははずかしそうに小さくうなずいた。

「この絵を描《か》いた人はだれ？」

と聞くと、④春おばさんはほほえむだけで何も答えな

(1) 「春おばさん」について合っているものを次からすべて選《えら》び、記号で答えなさい。(20点)

ア 親しくしている人が少ない。
イ 春おばさんは、ツヨシのおばあちゃんである。
ウ 日本には、二人の孫がいる。
エ ご主人はすでになくなっている。
オ 長いこと、この塩田平の住人である。

（　　　）

(2) ［①］・［⑤］に入る言葉を次からそれぞれ選び、記号で答えなさい。(10点×2―20点)

ア まったく　イ なるほど　ウ たいして
エ おそらく　オ もしかして

①（　　）　⑤（　　）

(3) ――②「以前は白っぽい……変わってしまっている」とありますが、どのくらい前のスケッチブックですか。

かった。

春おばさんとは小さいときから何度《なんど》も会っていたけれど、おばさんのことはたくさん知っているわけではない。

結婚《けっこん》してご主人が三十歳《さい》でなくなったこと。ジュンという女の子が一人いて、小学校の先生をしながら育《そだ》てたこと。ジュンさんは、結婚してアメリカのシアトルという所に住んでいること。親しくしているのは、春おばさんの妹であるぼくのおばあちゃんと、ぼく達《たち》の一家だけであること。特《とく》に、ぼくと弟のタカオはお気に入りで、自分の孫《まご》のようにかわいがってくれていること。長いこと住んでいた群馬県《ぐんまけん》の高崎《たかさき》から、三年前にとつぜん引《ひ》っ越《こ》してこの塩田平に住みはじめたこと。けれどその理由は知らない。

「⑤　　、この絵を描いた人は、春おばさんの恋人《こいびと》なの？」

春おばさんは、小さくうなずいて、語り始めた。

「だれにも話さずに六十年間も心の奥《おく》にしまっておいたことを、今夜はツヨシくんに話してみようかな。」

（依田逸夫《よだいつお》「春さんのスケッチブック」〈汐文社刊〉）

＊無言館＝戦場《せんじょう》で散《ち》った画学生の作品などを集めたユニークな美術館《びじゅつ》。

（20点）（　　　）

(4) ――③「描いている人の……伝わってくる」とありますが、これからどんなことが考えられますか。「～だということ。」に続くように文中よりさがし、十八字でぬき出しなさい。（20点）

□□□□□□□□□□□□□□□□□□だということ。

(5) ――④「春おばさんは……答えなかった」とありますが、その後気持ちが変わります。その理由としてあてはまるものを次から選び、記号で答えなさい。（20点）

ア　心の奥にしまっておくのがいやになったから。

イ　お気に入りの「ぼく」に話して、一人むすめに伝えてほしかったから。

ウ　早くだれかに言わないとわすれてしまうから。

エ　かわいがっている「ぼく」に、ずばり「恋人なの？」と聞かれたから。

（　　　）

説《せつ》明《めい》文を読む (1)

1 **次の文章を読んで、あとの問いに答えなさい。**

動物にはおすとめすという二つの性《せい》がありますね。実際《じっさい》、おすとめすが同じくらいいる動物が多いようです。（　）、①同じ数であっても、おすとめすが対等につがいになる相手を決めているわけではありません。

タツノオトシゴという魚がいます。浅《あさ》い海の海藻《かいそう》の中でくらす魚で、おすが子どもを産《う》みます。おすは「育児《いくじ》のう」という袋《ふくろ》をおなかに持っていて、めすはこの袋の中に卵《らん》を産みつけます。多くの動物が卵を食べようとやってきますから、袋は卵を育てるためにたいへん重要《じゅうよう》なのです。

ところが、育児のうに受け入れる卵の数には限界《げんかい》があります。そこで、めすたちは競《きそ》っておすをもとめます。つまり、おすが[②]で、めすが[③]のです。実際には同じ数いたとしても、おすが足りない状態《じょうたい》になっているのです。おす、めすの数の割《わり》合《あい》を性比《せいひ》といいます。生まれつき、遺伝的《いでんてき》に決まった性比を考えるだけでは不十分《ふ》なのです。実際の数

↓答えは76ページ

(1) 文中の二つの（　）には同じ言葉が入ります。次から選び、記号で答えなさい。

ア そして　イ また
ウ しかし　エ つまり

（　　）

ヒント （　）の前後関係《かんけい》をおさえます。

(2) ――①「同じ数であっても……わけではありません」とありますが、これについて、次の問いに答えなさい。

① 「つがい」になる割合を考えるのに必要なものを、文中から四字でぬき出しなさい。

② 「つがいになる相手」と、ほぼ同じ意味の言葉を文中からぬき出して答えなさい。

（　　）

のちがいを考える必要《ひつよう》が出てきます。むずかしい言葉で、実効性比《じっこうせいひ》とよびます。

実効性比がおす、めす、どちらにかたよっているかは、すぐにはわかりません。*繁殖《はんしょく》するときにどちらの性が同性どうしで競い合っているか、どちらが選《えら》ぶ側《がわ》になっているかを調べる必要があります。

実際、多くの動物、とくに*ほ乳類《にゅうるい》では、タツノオトシゴと逆《ぎゃく》です。おすどうしが競い、めすは多くのおすの中から、自分の結婚《けっこん》相手を選ぶことができます。性は逆転しているのですが、④その理由を考えるとタツノオトシゴと同じなのです。

動物にとって子孫《しそん》をふやすことは大きな利益《りえき》です。（　）、ほ乳類のめすは子どもを産むと、育てるためにすぐ次の子どもをつくることができません。生まれた子どもに乳《ちち》をあたえるために、めすはおすより、大きな仕事をします。

だからこそ、めすはおすの良《よ》さに対して、きびしい目を持つことになります。

（松島俊也《まつしまとしや》「動物に心はあるのだろうか」）

*繁殖＝動物や植物がどんどんふえること。
*ほ乳類＝人や犬など、乳で子を育てる動物。

(3) ［②］・［③］に入る言葉の組み合わせを次から選び、記号で答えなさい。

ア　②大量　③あふれてくる
イ　②貴重《きちょう》　③あぶれてくる
ウ　②重要　③あやうくなってくる
エ　②多量　③すくなくなってくる

（　　）

ヒント 「つまり」のはたらきを考えよう。

(4) ――④「その理由……と同じなのです」とありますが、何のために、どのようなことが「同じ」ですか。次の□に、①は文中から六字でぬき出し、②は文中の言葉を使って二十字以内《いない》で答えなさい。

① ［　　　　　　］ために、めすは
② ［　　　　　　　　　　　　　　　　　　　　］こと。

ヒント まず、「その」が指すものを考えよう。

説《せつ》明《めい》文を読む (2)

答えは76ページ

月　日

1 次の文章を読んで、あとの問いに答えなさい。

テントウムシは、かわいらしい虫である。人を幸せにするという言い伝《つた》えが世界のあちこちにあるし、いろいろなイメージ・キャラクターも登場して、人に好《す》かれている。

けれど、実際《じっさい》のテントウムシは、なかなかこわい虫である。まず、テントウムシはあの小さくて丸い、そして、色どりもあざやかでかれんなすがたにもにず、*どうもうな肉食動物で、植物につくアブラムシを①むしゃむしゃと食って生きている。草木の上でテントウムシをよく見かけるのは、かれらがどこかにアブラムシはいないかとさがしまわっているからだ。

テントウムシの親ばかりでなく、子ども、つまり幼《よう》虫《ちゅう》もアブラムシを食う。*完全変態《かんぜんへんたい》をする*甲虫《こうちゅう》の仲間《なかま》だから、幼虫は親とはまったくちがうかっこうをしている。しかし、アブラムシをむさぼり食う点では、親と同じである。

(1) ——①「むしゃむしゃと食って」とありますが、ほぼ同じ意味の言葉を文中からさがし、ぬき出して答えなさい。

（　　　　）

(2) ②に入る言葉を二字で答えなさい。

□□

(3) ——③「自分が有益な……派手なすがたをしているわけではない」とありますが、では「派手なすがた」はどのような役割《やくわり》を持っているのですか。文中から三字でぬき出して答えなさい。

□□□

ヒント 「派手なすがた」とほぼ同じ言葉があとにも出てきます。

(4) ④に入る言葉を文中からさがし、六字でぬき出して答えなさい。

アブラムシは植物の、とくに新芽《しんめ》をいためつける[②]だから、それを食べてくれるテントウムシは、いわゆる益虫《えきちゅう》ということになる。けれどテントウムシは、③自分が有益なことをしているから、あんなにきれいで派手《はで》なすがたをしているわけではない。

テントウムシは、じつはおそろしく味の悪い、食べたらとてもまずい虫なのである。[④]テントウムシを思わず指でつまんだりすると、肢《あし》のつけ根あたりから茶色っぽい液体《えきたい》を少量出す。鼻を近づけてみると、この液体はいやなにおいがして、なめてみると、苦い、いやな味がする。このにおいと味を、いろいろな虫や小鳥がとてもきらっている。だから小さな虫にとってはおそろしいアリも、テントウムシを食べようとしない。

それでテントウムシは、あんなにくったくなく、歩きまわっているのである。テントウムシのあの派手な色合いは、このことを他者に告《つ》げる警告色《けいこくしょく》なのだ。〝[⑤]〟と宣伝《せんでん》しているのだ。[⑥]ということわざどおりだ。（日高敏隆《ひだかとしたか》「ネコはどうしてわがままか」）

＊どうもう＝らんぼうで、おそろしい様子。
＊完全変態＝卵《たまご》から成虫《せいちゅう》になるまでに、形を変《か》えること。
＊甲虫＝かたい前羽を持った昆虫《こんちゅう》。

(5) [⑤]に入る文を次から選《えら》び、記号で答えなさい。

ア わたしはうまいが、食べたら死にそこなうぞ
イ わたしはひどくにおうぞ、でもまずくはないぞ
ウ わたしはひどく苦いが、栄養《えいよう》はかなりあるぞ
エ わたしはまずいぞ、食べたらひどい目にあうぞ

（　　）

ヒント まず、直前の文に注目します。

(6) [⑥]には、ことわざが入ります。次から選び、記号で答えなさい。

ア なきっ面《つら》にはち
イ 人のふり見てわがふり直せ
ウ 美しいバラにはとげがある
エ 能《のう》あるたかはつめをかくす

（　　）

ヒント 文章のはじめの「テントウムシは～である」を受けて、「しかし～である」とまとめたことわざです。

↓答えは77ページ

月　日

1 **次の文章を読んで、あとの問いに答えなさい。**

秋から春にかけて海辺《うみべ》を歩いていると、①大きいヤドカリが小さいヤドカリをもち歩いているのを、よく見かけます。二ひきは、貝がらのとりあいをしているのではありません。大きいヤドカリがまるでカバンをもち歩いているようです。（中略《ちゅうりゃく》）

じつは、大きなヤドカリは［②］で、小さなほうはたまごをうむ直前の［③］だったのです。（中略）

わたしは、オスとメスを水そうに入れ、観察《かんさつ》することにしました。すると、メスはオスにもたれたまま脱皮《だっぴ》をしました。脱皮は、貝がらに入ったままおこない、④まるで、まるくびセーターをぬぐようです。それがすむと、オス、メスともに貝がらから身をのり出すようにして、むかいあい、交尾《こうび》をしました。

交尾のあと、オスはもっていたメスをはなし、二ひきは別《わか》れます。このとき、メスを貝がらから出してみると、おなかにブドウのふさのような、うみたての

(1) ――①「大きいヤドカリが……もち歩いている」とありますが、なぜ「もち歩いている」のですか。次の（　）に入る言葉を、文中からぬき出しなさい。

メスにとっては、ゾエアをふ化させるときに、（　　　　）、危険が多いが、オスがそばにいれば、（　　　　）し、ゾエアの生きのびる機会《きかい》もふえる。また、オスにとっても、自分のそばにメスをおくことで、（　　　　）ができるから。

(2) ［②］・［③］に入る言葉の組み合わせを次から選《えら》び、記号で答えなさい。

ア　②父親　③幼生
イ　②強力　③病弱
ウ　②オス　③メス
エ　②ゾエア　③グラウコトエ

（　　）

たまごをつけています。たまごの数は、三〇〇個《こ》から一〇〇〇個ほど。一ヵ月ほどでエビのような形をしたゾエアとよばれる＊幼生《ようせい》に育つと、ふ化し、母親のおなかからはなれて、海のなかにただよいだすのです。

たまごがゾエアになるころ、新しいオスを水そうに入れてみると、このメスはまた、オスにもち歩かれていました。そして、幼生をはなしおわると、数日後には、新しいオスと交尾していたのです。

メスは、ゾエアをふ化させるとき、からだを貝がらの外へ出さなくてはならず、たいへん危険《きけん》です。このときオスがまもっていれば、安全にゾエアを海にはなすことができるし、ゾエアの生きのびるチャンスもふえます。反対にオスも、自分の子どもをうんでくれるメスを、みぢかにおくことで、確実《かくじつ》に自分の子孫《しそん》をふやすことができます。

いっぽうゾエアは、一ヵ月ほどのあいだに四回脱皮して、グラウコトエとよばれるハサミをもった幼生にかわります。そして海底《かいてい》におり、小さな貝がらにおしりから入りこみ、「⑤」生活をはじめるのです。

（今福道《いまふくみち》夫《お》「ヤドカリの海辺」）

＊幼生＝ふ化した動物の子。昆虫《こんちゅう》では幼虫という。

(3) ――④「まるで、まるくびセーターをぬぐようです」とありますが、これと同じたとえの表現《ひょうげん》（ただし、「まるで」を使わない）を文中から三つぬき出しなさい。

（　　）
（　　）
（　　）

(4) ⑤ には主題に関《かか》わる言葉が入ります。次から選び、記号で答えなさい。

ア 交尾　イ 脱皮　ウ ふ化　エ 宿かり

（　　）

(5) この文章のどこかに、次の一文が入ります。入る直後のはじめの五字を答えなさい。

そんな理由から、オスがメスをもち歩くようになったのかもしれません。

ヒント 「そんな」が指すものをおさえよう。

月　日

時間 20分【はやい15分・おそい25分】
合格 80点
得点　点

➡答えは77ページ

1 次の文章を読んで、あとの問いに答えなさい。

(ゴリラの)赤ん坊《ぼう》は元気に育った。栄養《えいよう》いっぱいのミルクのおかげで毛並《けな》みもよくなり、太ってきた。しかし、この赤ん坊が泣《な》かないことが、わたしには気がかりだった。①人間の赤ん坊ならけたたましい声で泣くのに、まったくと言っていいほど泣かない。

最初《さいしょ》わたしは、この子が人間になれていないから、緊張《きんちょう》して泣かないのだろうと思っていた。[②]、わたしたちを信頼《しんらい》するようになり、ぐっすり眠《ねむ》り、ミルクを飲むようになっても、大声では泣かないのだ。それに、いつもだれかにしがみついていようとする。[③]

④わたしはふしぎに思い、野生でくらしているゴリラの赤ん坊に注目してみた。すると、たしかに、ゴリラのお母さんに育てられている赤ん坊はまったく泣かないことに気づいたのだ。

ゴリラの赤ちゃんはいつも、お母さんのうでにだかれている。生まれて一年くらいまで、お母さんは

(1) ──①「人間の赤ん坊ならけたたましい声で泣く」とありますが、その理由を文中の言葉を使って、次の□に三十五字以内《いない》で答えなさい。(25点)

お母さんが

(2) [②]・[⑤]・[⑦]にあてはまる言葉を次からそれぞれ選《えら》び、記号で答えなさい。(5点×3—15点)

ア そして　イ だから　ウ では
エ しかし　オ また

②(　　)　⑤(　　)　⑦(　　)

(3) [③]・[⑧]に入る文を次からそれぞれ選び、記号で答えなさい。(10点×2—20点)

かたときも赤ん坊を手放さない。[⑤]、ゴリラの赤ん坊は泣く必要《ひつよう》がないのだ。

　そもそも、野生での生活は危険《きけん》がいっぱいだ。大声で泣けば、ヒョウなどの肉食動物の注意を引く原《げん》因《いん》になる。赤ん坊をかかえた母親は＊無防備《むぼうび》だから、肉食動物にねらわれやすい。危険をさけるためにも、⑥赤ん坊は泣かないほうがいい。

　[⑦]、どうして人間の赤ん坊は、あんなに大声で泣くのだろう。それは、お母さんがすぐに、手元からはなしてしまうからだ。[⑧]

　人間の赤ちゃんは、生まれてすぐにお母さんの手元からはなされ、お父さんやおじいさん、おばあさんなど多くの人たちに、次つぎにだっこされる。赤ちゃん用のベットにねかされ、人の手をはなれて眠ることもある。だから、大声で泣くのだ。人間の赤ん坊は、けたたましく泣かなければ、望《のぞ》みがかなえられない。

　いっぽう、ゴリラの赤ん坊は、お母さんのうでの中でちょっと身動きするだけで、自分が気に入らないことを伝《つた》えられる。大好《す》きなお乳《ちち》にすいつくことができる。

（山極寿一《やまぎわじゅいち》「野生のゴリラと再会《さいかい》する」）

＊無防備＝危険や災害《さいがい》などに対する備《そな》えがないこと。

ア　ゴリラの赤ん坊もしがみつき大きな声で泣く。
イ　ふりほどくとお母さんを求《もと》め小さな声で泣く。
ウ　ゴリラの赤ん坊も、お母さんの手元から引きはなされると、小さな声で泣く。
エ　ふりほどくと、「コッコッコッ」と小さな声を立てて、悲しそうな顔をする。

③（　　）　⑧（　　）

(4) ――④「わたしはふしぎに思い」とありますが、何が「ふしぎ」なことですか。文中の言葉を使って、次の□に三十字以内で答えなさい。（20点）

ゴリラの赤ん坊が

こと。

(5) ――⑥「赤ん坊は泣かないほうがいい」とありますが、その理由を文中の言葉を使って答えなさい。（20点）

（　　　　）

1 次の詩と文章を読んで、あとの問いに答えなさい。

夕日がせなかをおしてくる

阪《さか》田《た》寛《ひろ》夫《お》

夕日がせなかをおしてくる
まっかなうででおしてくる
①歩くぼくらのうしろから
でっかい声でよびかける
さよなら　さよなら
さよなら　きみたち
ばんごはんがまってるぞ
②あしたの朝ねすごすな
夕日がせなかをおしてくる
そんなにおすなあわてるな

↓答えは78ページ

(1) ——①「歩くぼくら」とありますが、どんな様子で歩いていると考えられますか。次から選《えら》び、記号で答えなさい。

ア　とぼとぼと、ゆっくりと。
イ　軽い足どりで。
ウ　今にも走り出すような早足で。
エ　ふらふらと、たよりなく。

（　　）

(2) ——②・④「あしたの朝ねすごすな」とくり返されていますが、この行を説明《せつめい》した次の（　）に、詩の中の言葉をぬき出して答えなさい。

②は（　　　）から（　　　）へ、④は（　　　）から（　　　）へ、「さよなら」「朝ねすごすな」とおたがい言い合っている。

ぐるりふりむき太陽に
［③］も負けずどなるんだ
さよなら　さよなら
さよなら　太陽
ばんごはんがまってるぞ
④あしたの朝ねすごすな

ここには、その日一日をたっぷり遊びつくした［⑤］がある。「［⑥］」夕日の雄大《ゆうだい》さ（大きく力強い）に対して、それに「［⑦］」子どもたちの姿《すがた》に、心の底《そこ》から発するような充足《じゅうそく》した喜《よろこ》びの感情《かんじょう》がある。汗《あせ》もかいているだろう。ドロでよごれているだろう。しかし、その表情は［⑧］のではないだろうか。

（「子どもの読む詩30選《せん》」）

(3) ［③］には詩の中にある言葉が入ります。ぬき出して答えなさい。

（　　　　）

ヒント だれが太陽に「さよなら」と言っているかを考えます。

(4) ［⑤］・［⑧］に入る言葉を次からそれぞれ選び、記号で答えなさい。

ア　こわばっている
イ　光りかがやいている
ウ　落ちつきはらっている
エ　子どもたちの優越感《ゆうえつかん》
オ　子どもたちの満足感《まんぞくかん》

⑤（　　）　⑧（　　）

(5) ［⑥］・［⑦］に入る言葉を、詩の中からぬき出して答えなさい。

⑥（　　　　）
⑦（　　　　）

28日

詩を読む(2)

月／日

1 次の詩を読んで、あとの問いに答えなさい(1〜22は行番号)。

みあげれば宇宙《うちゅう》

工藤直子《くどうなおこ》

銀河《ぎんが》の　すみっこで
地球が　①ぽちっと　遊んでいた
太陽のまわりを　ぐるりぐるりと
でんぐりがえりしていた
地球のうえの　いきものたちも
いっしょに　［②］して
あくびしたり　ねむったりしていた
銀河は　地球を　だっこして
ゆっくり　散歩《さんぽ》している
散歩しながら　となりの　［③］に

➡答えは78ページ

(1) この詩は四つの連《れん》(まとまり)に分かれます。二、三、四連の最初《さいしょ》の行はどの行になりますか。行番号で答えなさい。

二連(　　)　三連(　　)　四連(　　)

(2) この詩の中に出てくるものを、大きい順《じゅん》に五つ書きなさい(ただし「星」と「星たち」は入れない)。

(　　)→(　　)→(　　)→
(　　)→(　　)

(3) ——①「ぽちっと」について、次の問いに答えなさい。

① この言葉から想像《そうぞう》できる地球は、次のどちらですか。記号で答えなさい。

ア　ちっぽけな地球
イ　大きな地球

(　　)

② ①で答えたことが感じられる言葉が、詩の中にもう一つあります。七字でぬき出して答えなさい。

あいさつしたりしている
そんな　たくさんの銀河を　みまもりながら
［④］が　ふっくらしている
ふっくらの　宇宙のなかの
たくさんの　銀河のなかの
たくさんの　星たちのなかの
まんまるい　地球
ごらん　きょうも
まんまるい　［⑤］のうえで
たくさんの　いきものたちが
［⑥］をしながら
星を　みあげているよ

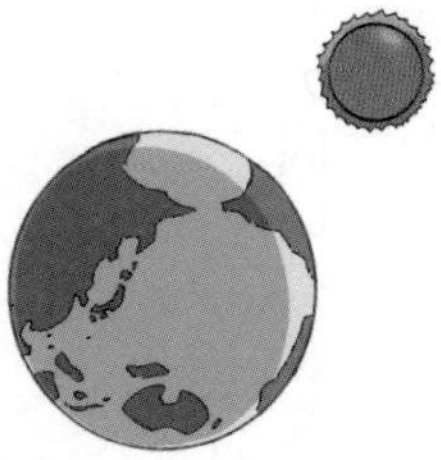

(4) 地球のうえのいきものたちが、のんびりしている様子がわかるところを、一行でぬき出しなさい。

（　　　　　　　　　　）

(5) ［②］と［⑥］には、同じ言葉が入ります。詩の中からさがし、七字で答えなさい。

(6) ［③］〜［⑤］にあてはまる言葉を詩の中からさがし、ぬき出しなさい。

③（　　　）　④（　　　）　⑤（　　　）

ヒント　同じ表現《ひょうげん》をしている部分に注目しよう。

(7) 宇宙のことを、どんな様子だといっていますか。詩の中からさがし、四字で答えなさい。

短歌・俳《はい》句《く》を読む

↓答えは79ページ

1 次の短歌を読んで、あとの問いに答えなさい。

① 天《あま》の原《はら》＊ふりさけ見れば春日《かすが》なる三笠《みかさ》の山に出《い》でし□かも　阿倍仲麿《あべのなかまろ》

② □の色はうつり＊にけりないたづ《（ず）》ら＊にわが身世にふるながめせしまに　小野小町《おののこまち》

③ ゆく□の大和《やまと》の国の薬師寺《やくしじ》の塔《とう》の上なるひとひらの雲　佐佐木信綱《ささきのぶつな》

④ たらちねの□がつりたる青蚊帳《あおがや》＊をすがし＊といね＊つたるみたれども　長塚節《ながつかたかし》

＊ふりさけ＝遠くはるかに。
＊うつり＝色あせる。
＊いたづらに＝むなしく。
＊青蚊帳＝青い蚊よけのおおうもの。
＊すがし＝すがすがしい。
＊い（寝《ね》）ねつ＝寝た。

(1) ①～④の短歌の□に入る言葉を次から選《えら》び、記号で答えなさい。

ア 秋　イ 花　ウ 母　エ 月

①（　　）　②（　　）　③（　　）　④（　　）

(2) ④の「たらちねの」は下の□にかかる言葉ですが、短歌ではこのような言葉を何といいますか。

（　　）

(3) 次の言葉は、どの短歌にふさわしいですか。短歌の番号で答えなさい。

㋐ 古都の季節《きせつ》の移《うつ》り変《か》わり（　　）

㋑ 夜空にふるさとを思う（　　）

㋒ 親の愛情《あいじょう》が身にしみる（　　）

㋓ おとろえにうれい悲しむ（　　）

月　日

2 次の俳句《はいく》を読んで、あとの問いに答えなさい。

① 閑《しず》かさや岩にしみ入る蝉《せみ》の声　松尾芭蕉《まつおばしょう》

② 名月をとつ《っ》てくれろと泣《な》く子かな　小林一茶《こばやしいっさ》

③ 菜《な》の花や月は東に日は西に　与謝蕪村《よさぶそん》

④ 万緑《ばんりょく》の中や*吾子《あこ》の歯*生え初《そ》むる　中村草田男《なかむらくさたお》

⑤ 遠山に日のあたりたる枯野《かれの》かな　高浜虚子《たかはまきょし》

⑥ 朝顔に*つるべとられてもらひ《い》水　加賀千代《かがのちよ》

＊吾子＝わが子。
＊生え初むる＝生えはじめる。
＊つるべ＝井戸《いど》水《みず》をくみ上げるためになわなどをつけたおけ。

(1) 俳句では季節を表す言葉（季語《きご》）を入れるのが原則《げんそく》となっています。①・③・⑤の季語と季節を答えなさい。

①季語（　　　　）季節（　　）
③季語（　　　　）季節（　　）
⑤季語（　　　　）季節（　　）

ヒント 季節感がある言葉はどれかをよく考えてみよう。

(2) 次の文は、どの俳句の説明《せつめい》ですか。俳句の番号で答えなさい。

㋐ わが子の成長《せいちょう》ぶりを喜《よろこ》んでいる。（　）
㋑ 朝顔を切るのもかわいそうなので、近所で水をもらった。（　）
㋒ 日がかげって、寒々とした野原である。（　）
㋓ この表現《ひょうげん》によって、しずかさが強調されている。（　）

月／日	時間 20分 〔はやい15分・おそい25分〕	合格 80点	得点 点

➡答えは79ページ

1 次の文章を読んで、あとの問いに答えなさい。

「あっ」と心がゆれた。何かに感じることができた。では、それをどう言葉にしてゆくか、が次の問題となる。心がゆれた場面から具体的《ぐたいてき》に言葉をひろったり、自分の思いを表す言葉をさがしたり、なんとか三十一文字にしてみる……(中略《ちゅうりゃく》)

スペインを旅行したとき、①発音だけだと日本語を聞いているような言葉に、たくさん出会った。

にんにくのスープは「アホ」のスープ、食事をするところは「タベルナ」、白い風車は「モリーノブランコ」(わたしには「森のブランコ」に聞こえた)……などなど。スペインの人が話すのを聞いて、何度か「あっ」と思った。そこで、一首。

にっぽんの言葉に通う意味ありてふとなつかし
く聞くスペイン語

わたしの感じたことというのは、これにつきる。「あっ」と思ったことが、そのまんま、等身大で言

(1) ——①「発音だけだと日本語を聞いているような言葉」とありますが、何のことですか。次の説明《せつめい》の□に入る言葉を、それぞれ十字と五字で短歌の中からぬき出しなさい。(10点×2―20点)

□□□□□□□□□□ように聞こえる□□□□□。

(2) 「にっぽんの言葉に通う……」の短歌の評価《ひょうか》について、あてはまらないものを次から選《えら》び、記号で答えなさい。(20点)

ア 「あっ」と思う気持ちばかりが先走った歌。
イ 「あっ」と思った結果と具体性《せい》のある歌。
ウ はじめて読む人にはなんだかよくわからない歌。
エ 感じたことをストレートに表現《ひょうげん》した、作者は満足している歌。

(　　)

葉になったという感じ。自分では満足《まんぞく》していた。が、帰国して父にこの歌を見せると、なんだかピンとこない、と言う。

「その、なんだな、にっぽんの言葉に通う意味っていうのが、今ひとつわからんな」（中略）

当初《とうしょ》は「にっぽんの言葉に通う意味ありて」は動かせない、と考えていた。「②」というひらがな書きが気に入っていたし、「③」はすなわち「心に通う」を連想《れんそう》させてくれて、なかなかいいように思う。が、そこのところが、父はわからない、と言う。いろいろとなやんだ結果《けっか》、字数を大幅《おおはば》についやすとは知りながら、ひとつ具体例《れい》を入れてみることにした。

スペインの言葉あるときなつかしく白い風車は
白い風車《モリーノブランコ》

くらべてみると、こちらのほうがずっとわかりやすいし、感じも伝《つた》わる。リズムも悪くない。

「あっ」と思った、④その結果だけを歌にしたのでは、読んでいる人には何がなんだかよくわからない。⑤「あっ」と思わせてくれた何かを、三十一文字にとりこみつつ、気持ちを表してゆくことが大切なのだ、と思う。

（俵《たわら》万智《まち》「短歌をよむ」）

(3) ②・③に入る言葉を、短歌の中からぬき出しなさい。（10点×2―20点）

② （　　　）

③ （　　　）

(4) ——④「その結果だけを歌にした」とありますが、同じ内容《ないよう》の表現を文中からさがし、次の言葉に続《つづ》くように、十六字でぬき出しなさい。（20点）

わたしの感じたことが、

(5) ——⑤「『あっ』と思わせてくれた何かを、三十一文字にとりこみつつ、気持ちを表してゆく」とありますが、この「何か」を、「スペインの……」の短歌の中からぬき出しなさい。（20点）

（　　　）

進級テスト

1 **次の文章を読んで、あとの問いに答えなさい。**

「親方になってみると、これはなかなかいいもんだわい。仕事は弟子《でし》どもがしてきてくれるから、こうしてねころんで待っておればいいわけである。」（中略《ちゅうりゃく》）

「えいくそッ、びっくりした。[①]などとよぶんじゃねえ、魚の頭のように聞こえるじゃねえか。ただかしらといえ。」

盗人《ぬすびと》になりたての弟子は、

「まことにあいすみません。」とあやまりました。

「どうだ、村の中の様子は。」とかしらがききました。

「②へえ、すばらしいですよ、かしら。ありました、ありました。」「何が。」

「大きい家がありましてね。そこの飯《めし》たき釜《がま》は、まず*三斗《さんと》ぐらいはたける大釜でした。あれはえらい銭《ぜに》になります。それから、お寺につってあった鐘《かね》も、なかなか大きなもので、あれをつぶせば、まず茶釜《ちゃがま》が五十はできます。なあに、あっしの目にくるいは

➡答えは80ページ

(1) 次は、上の文章の前に出てくる文です。[ア]～[ウ]に入る言葉を、「釜右ヱ門《かまえもん》は釜師」にならってあとからそれぞれ選《えら》び、記号で答えなさい。（5点×3―15点）

盗人の弟子たちが、釜右ヱ門は釜師のふりをし、海《え》老之丞《びのじょう》は[ア]のふりをし、角兵ヱ《かくべえ》は[イ]のように笛《ふえ》をヒャラヒャラ鳴らし、鉋太郎《かんなたろう》は[ウ]のふりをして、花のき村にはいりこんでいきました。

ア 大工《だいく》　イ 錠前屋《じょうまえや》　ウ 八百屋《やおや》
エ 獅子《しし》まい

ア（　　）　イ（　　）　ウ（　　）

(2) [①]に入る四字の言葉を答えなさい。（10点）

(3) ――②「へえ、すばらしい……ました」とありますが、「すばらしい」何が「ありました」か。二つを、それぞれ十字程度《ていど》でぬき出して答えなさい。（10点×2―20点）

・
・

月／日

時間 30分（はやい25分・おそい35分）

合格 80点

得点　　点

ありません。うそだと思うなら、あっしがつくって見せましょう。」

「ばかばかしいことにいばるのはやめろ。」とかしらは弟子をしかりつけました。

「きさまは、まだ釜師《かまし》根性《こんじょう》がぬけんからだめだ。そんな飯たき釜やつり鐘などばかり見てくるやつがあるか。それに何だ、その手に持っている、あなのあいた鍋《なべ》は。」

「へえ、これは、その、ある家の前を通りますと、まきの木の生けがきにこれがかけてほしてありました。見るとこの、しりにあながあいていたのです。それを見たら、自分が盗人であることとついわすれてしまって、③この鍋、二十文《もん》でなおしましょう、とそこのおかみさんにいってしまったのです。」

「何というまぬけだ。自分のしょうばいは盗人だということをしっかりはらにいれておらんから、そんなことだ。」と、かしらはかしららしく、弟子に教えました。そして、（中略）

草の中へあお向けにひっくり返っていいました。

④「盗人のかしらというのもあんがい楽なしょうばいではないて。」

（新美南吉《にいみなんきち》「花のき村と盗人《ぬすっと》たち」）

＊三斗＝容積《ようせき》の単位《たんい》で、一斗は約《やく》十八リットルにあたる。

(4) ――③「この鍋、二十文で……しまったのです」とありますが、①このことを「かしら」は何といっているかを十字で、②また、――③と同じ例《れい》を十四字で、それぞれ文中からぬき出して答えなさい。（5点×2―10点）

①

②

(5) ――④「盗人のかしら……ではないて」とありますが、なぜそのような気持ちになったのですか。次の（　）に入る言葉を、文中からぬき出しなさい。（15点）

親方になって最初《さいしょ》は、

（　　　　）

親方はねころんで待っていればいいわけで、これは

（　　　　）と思ったが、

（　　　　）

自覚《じかく》が弟子にないため、あてがはずれたから。

2 次の詩を読んで、あとの問いに答えなさい。

大好《だいす》き

小泉周二《こいずみしゅうじ》

遠くに見えたらワクワクします
[①]ドキドキします
目と目が合ったら[②]とします
あいさつできたらポーッとします
はなれて行ったらシーンとします
[③]キューンとします

(1) [①]・[③]に入る言葉を次のア〜エから、[②]に入る言葉を次のオ〜キから選《えら》び、記号で答えなさい。（5点×3—15点）

ア 名前を聞いたら　イ 近くに来たら
ウ 見えなくなったら　エ かなしくなったら
オ ムスッ　カ グサッ　キ ズキン

①（　　）　②（　　）
③（　　）

(2) この詩の説明《せつめい》としてあてはまるものを次からすべて選び、記号で答えなさい。（15点）

ア たとえを用いることで、イメージがよく伝《つた》わっている。
イ 同じ音数の言葉によって、リズム感が出ている。
ウ 倒置《とうち》（言葉の順序《じゅんじょ》の入れかえ）によって、感動を強めている。
エ 気持ちを音のように表すことで感情《かんじょう》がストレートに伝わっている。

（　　　　）

●1日 2・3ページ

1 (1)①イ ④オ ⑧ア
(2)②オ ⑤カ
(3)③ウ ⑨イ
(4)⑥手 ⑦目
(5)季節のけじめ

考え方

1 (1)登場人物であるオニババの性格を、それぞれの段落《だんらく》での行動や言葉（せりふ）をもとに答える問題です。①「どの消しゴムを買おうかまよっている（と）……きげんが悪くなる」「そんなの、どれだって同じだよ」、「レジで計算をしたあとになって……財布をさがす男の子は、『財布はレジを打つ前に出す！』」、ともにイ「気が短い」様子です。④「きちんと元の場所にもどさなければ、すぐにおこる」「ノートの角が⑤そろっていないと気に入らない」、いずれもオ「きちんとして、いいかげんなところがない」性格だといえます。⑧「洗ってから！」、「ふいてから！」、「かわいてから！」、いちいち何に対しても口に出しています。

(2)それぞれの空らんをふくむ文は、②は(1)のイせっかちの例《れい》、⑤は(1)のオきちょうめんの例です。

(3)③「一喝」とは、大きく一声でしかりつけることです。⑨「うだる」とは、ゆであがる（ゆだる）ような夏の暑さにだるくなる様子を表します。

(4)前後の表現でわかります。⑥は「おかしを食べながら……もちろん厳禁だし、□ぶらでやってきても」から、何も手に持っていないの意味。⑦は「直行したかどうかを□ざとく見分け、手のよごれ」から、よく見つけるの意味。また、それぞれ「手ぶら」「目ざとく」で一つの言葉です。

(5)「花火の在庫処分セール」で夏使う花火を売りはらい、オニババは「九月になったら秋」とばかり、季節の区切りをつけようとしているのです。これによって、「九月一日から」どこよりも「早く（オニババ文具店には）秋が来る」のです。

●2日 4・5ページ

1 (1)(例)ペットの大きさは家庭の事情に比例していた(二十字)
(2)エ (3)少年少女が胸をときめかす
(4)④ウ ⑤エ
(5)(例)ハツカネズミがほしい、しかも買えるお金もあるのに、飼うてまを考えるとかなわないという思いから。

考え方

1 (1)「それ」が指すものです。ただし、直前の二文は具体例《れい》を挙《あ》げた説明《せつめい》ですから、その前の一文を「ペットの大きさ」など必要《ひつよう》部分のみを指定字数内にまとめます。

(2)「印象」とは合わない例が入ります。「豊かな家の子」がふつう飼うものとは正反対の小さいものなので、ハツカネズミのエになります。

(3)直前の一文に「～店ばかりがずらりとならぶ」とあります。

(4)――④・⑤ともに、直前に書かれている場所を答えます。だれが何をどうしている場なのかを正確《せいかく》にとらえます。
④ア「金魚をながめて」ではなく、ウ「金魚すくいを見ている」が正解《せいかい》です。⑤イ「おとながさわいでいる」、オ「子どもたちが」がまちがいで、エが正解です。

(5)そのあとの二つの段落で理由を説明しています。解答のポイントは三つ。1ほしい、2しかもお金はある、3けれど手間を考えると、(飼いたいという)思いがかなわない。

● 3日 6・7ページ

1 (1)外敵にねらわれる危険がひじょうに大きい・ヒトの赤ん坊だけは大声でなく

(2)エ

(3)外敵から身を守るようになり・生命がおびやかされること

(4)親をコントロールする

考え方

1 (1)直前の段落《だんらく》の内容《ないよう》を指しています。「～のに」とは、前とあとのことがらがくいちがっているときに使う言葉です。文中から同じ表現をさがすと、「なのになぜ」があります。その前後の内容を、問いに合うようにぬき出します。

(2)ア～ウは、それ自体にはあやまりはありません。しかし、いずれも片方《かたほう》だけの事実で不《ふ》十分です。よって、「生後」と「一カ月すぎ」の「ちがい」をのべたエが正解《せいかい》です。

(3)直前の段落の内容を指し、「○○するようになり、○○はなくなった」とあるので、「人間の祖先が」からはじまり、「はなくなる。」に続《つづ》くようにぬき出します。

(4)「親に世話をやいてもらう」ために、大きな声で泣いて意思表示をするのです。これは、筆者の立てた仮説「ヒトの赤ん坊は、親をコントロールするために、大声で、いろいろな泣き声を出すようになったのではないか?」に対する結論《けつろん》でもあります。よって、「親をコントロールする」が同じ意味を表しています。「親はその問題を解決するようにしてくれる」は、十字をこえて×です。

チェックポイント　指示語のポイント

①指示語が指す内容は、その前の部分からさがすのが原則《げんそく》です。
②それを見つけるヒントは、指示語のうしろ(多くは直後)にあります。
③さがした内容を、指示語にあてはめて意味が通るかかくにんします。
④指示語の内容に指示語をふくむ場合は、そのままでは答えになりません。その内容をさらに明らかにすることが必要《ひつよう》です。

● 4日 8・9ページ

1 (1)モルモットのひきとり手はさがしてもらえる

(2)いのちがなくなること

(3)エ

(4)(例)ちゃんとめんどうを見て、エサ代もこづかいからだすこと。(二十七字)

(5)⑤イ　⑥エ

考え方

1 (1)直後のママの言葉「……よかった」からわかります。

(2)動物愛護センターであずかってもらえないから、「おれが飼う」「おれが責任持って飼います。……おねがいします」と啓太は言っています。そのあとに、頭を下げてまでおねがいした理由が書かれています。

(3)思い切った決心(「おれが飼う」)を言う前に、「……」と少し間があいたのは、きんちょうして「ごくりとつばを飲みこんだ」からです。

(4)直後の⑤といっしょに考えよう。このあとの啓太の言葉に、具体的に何をするかが書かれています。

(5)⑤前が「責任持って飼います」(理由)で、あとが「おねがいします」(結論《けつろん》・結果《けっか》)です。よって、イ「だから」が入ります。⑥前が「こぶしが、ぶるぶるふるえた」、あとが「平気だ」とあり、反対のことがらです。よって、エ「でも」が入ります。

チェックポイント　注意したい接続語

主な接続語はおぼえておこう。
・これは(A)だ。だから(B)である。
Aは原因《げんいん》・理由、Bは結論・結果になります。ほかに「すると」「したがって」「よって」などがあります。
・たしかに(A)だ。でも(B)である。
　Aのことがらとは反対のことがらのBが続《つづ》きます。ほかに「しかし」「ところが」「だが」などがあります。

●5日 10・11ページ

1 (1)野ネズミ・トンネル・むささび
(2)森の小さな動物たちのことを・森の小さな動物たちにあう方法を知らない
(3)③エ　④オ　⑤イ
(4)動物たちのしぐさ・つぎつぎにおこる

考え方

1 (1)「木(の上)の高いところには」は「むささび」だけではなく、「むささびなど」(リスとヤマネコとヒネズミ)もくらしています。
(2)直後で「しょっちゅう山にでかける人でも〜まずいない」とくり返し、そのあとで理由をのべます。「むかしから人間は〜ほとんど考えずにくらしてきました。だから、いまでも、人間は〜方法を知らない」とあります。
(3)前後の文の流れを考えましょう。「〜あえる方法を知ってあうことができたらどうでしょう」を受けて、③「〜びっくりするでしょう」→④「〜うれしくなるでしょう」→⑤「〜わかるでしょう」と順《じゅん》を追って説明《せつめい》しています。それらをつなぐ言葉です。
(4)「知りたくなる」のは、直前の「その」が指す二文です。それは「目のまえで〜つぎつぎにおこる」ふしぎのからくりです。

●6日 12・13ページ

1 (1)六年生の春　(2)②不滅　⑦史上初
(3)(例)白山神社の秋のすもう大会に出ないこと。(十九字)
(4)④ウ　⑧オ
(5)「おしりぷりんぷりんで、おっぱい、ぽっちゃり、なんだもん」・亜矢ちゃん
(6)自信たっぷり・得意

考え方

1 (1)「大会は年に二回、三月と九月におこなわれる」と「四連覇中」からわかります。四年生の秋から五年生の春・秋、六年生の春の四回。
(2)②「不滅」は、いつまでもなくならないこと。⑥「史上初」は、歴史《れきし》に記録がない初《はじ》めてのこと。
(3)第三段落《だんらく》の最後《さいご》にある「そのころは秋の大会にも出場……する、と決めていた」のを、「なやんだすえに」出ないことに「決めた」のです。
(4)④前は「急にはずかしくなった」、あとは「そんなはずかしさはわすれていた」ですから、「とはいうものの・ただし」でつなぐ関《かん》係《けい》。⑦前は「五連覇を達成する、と決めていた」、あとは「おしゃべりを立ち聞きしてしまった」ですから、反対の関係。
(5)「そんなはずかしさはわすれていた〜」のですから、まず「そんなはずかしさ」が指しているものをおさえます。二文前の「四年生のときはそんなことはちっとも気にならなかった〜」にも「そんな」があり、直前の「おしりが丸見えだし上半身も隠せない」を指しています。このまわしすがたを見た、亜矢ちゃんの言葉「だって、すもうのときなんかすごいんだよ〜」が気持ちの変《か》わるきっかけです。(はずかしさのあまり)「ショック(で)〜泣きたくなった」と言っています。
(6)「そのころ」は直前の二文を指します。そこから字数に合うものをさがします。

●7日 14・15ページ

1 (1)①オ　②エ　④イ
(2)ぼくをだきしめた(八字)
(3)秋本とぼく(歩・瀬田)
(4)恋愛　(5)「瀬田くん

考え方

1 (1)①直後に「考えたといってもなあ」とあるので、オの「……考えてくれた、オレのこと?」が入ります。②直前に「ただ……」とあるので、エの「ただ、ただなんや?」が受けるとわかります。④「やってみてもいいけど」という「ぼく」の言葉を聞いて、秋本は「ぼく」をだきしめます。感謝《かんしゃ》の気持ちが表れたイが入ります。

(2)――③のあとの秋本の行動を読み取ります。

(3)「ぼくら」とあるので、複数《ふくすう》だとわかります。教室のみんなは、「秋本」が「ぼく」をだきしめているのを見ているのです。

(4)「森口」は、秋本くんと「ぼく」との関係を、「もしかして、そう」なのかと想像《そうぞう》しています。「ぼく」にささやいた言葉の中からさがします。二字が大きなヒントです。

(5)前半は「ぼく」と「秋本」、後半は「ぼく」と「森口」の場面です。森口が「瀬田くん」と声をかけるところから場面が変《か》わっています。

● 8日 16・17ページ

1 (1)(例)新しい(こっちの)アパートでは動物を飼うことは禁止されていたから。

(2)ウ・エ

(3)(例)いかにも、その家に飼われている猫である

(4)ギンは何も

(5)ウ→イ→ア→エ

考え方

1 (1)お母さんの「しかたがないな。~」の直前に、「こっちのアパートでは……」と理由が書かれています。

(2)直後の二文から読み取れることが「芽衣の思い」です。「しかたがないこと」と理解《りかい》はするものの、やりきれない思いが伝《つた》わってきます。イ「けなげ」とは、幼いものや弱いものが、つらいことに負けずにがんばっている様子です。「何も言わずに、会ったこともない人のところへもらわれていった」ギンを、芽衣はけなげに思っているのです。たとえ猫好きの人にもらわれたとしても、けっしてウ「うれしい」やエ「うらやましい」気持ちではないのです。

(3)「その(村野さんの家で飼われている猫の)中で、……少しだけみすぼらしかった。それでもギンは、ちゃんとその家の子の顔になっていた」のです。広々とした庭のある家で、しかも西洋猫ばかりの「中で……ギンは少しだけみすぼらしかった。それでも」ギン自身はこの家の飼い猫(=その家の子の顔)として、すっかりなじんでいたのです。

(4)前の飼い主である芽衣に近づいてきて、頭とのどをなでられ、気持ちよさそうにごろごろとのどをならしたのです。この行動からも、もらわれたことを受け入れ、芽衣をにくんでいないことがわかります。これは、村野さんの家にもらわれたときの「ギンは何も言わずに……もらわれていったのだった」と同じなのです。つまり、「うらんでいるような目でみたりはしなかった」のです。

(5)エは、もらわれていった先でのギンの話です。

チェックポイント **物語では登場人物が重要《じゅうよう》**

物語では、登場人物(この場合は芽衣と猫)の動作・表情《ひょうじょう》・言葉(会話文)に注目します。そこには、人物像《ぞう》(性格《せいかく》など)や心情《しんじょう》がしめされ、さまざまなことが読み取れます。

● 9日 18・19ページ

1 (1)南に面した二階の六畳間

(2)手におえないしろもの

(3)①積雲は、まったくうごいていない

②ウ

考え方

1 (1)「あだ」とは、害になるものです。両親がいちばんよい場所と思ってあたえてくれ

た部屋でしたが、南向きのために夏には日《ひ》差《ざ》しが強く、あついのです。「家中でいちばんよい場所」が、「夏にはあだとなる」ので、「南に面した二階の六畳間」が答えとなります。

(2)これは二文前の「思いどおりに鳴らなくても……風鈴をはずしてしまえなかった」と同じ意味です。風鈴については二段落《だんらく》前にも書かれており、「この風鈴は、鳴ってほしいとき……手におえないしろものだけど」とあります。「手におえない」とは、自分の力ではどうにもできない(風鈴をはずせない)という意味です。

(3)①風がないことで、風鈴と同じように動いていないものをさがすと、「積雲は、まったくうごいていない」があります。

②前の段落に「自分とはるひの関係」とあるように、「風鈴」を「はるひ」と重ねて見ているのです。「ままならない風鈴に、自分とはるひの関係を重ねて」はるひをうらめしく思う気持ちにあたるものです。アは「鈍感な」「そうなりたい」が×、イは「自分もそうなりたい」が×、エは「何を考えているか」が×です。

チェックポイント　選択肢《せんたくし》の選び方

登場人物の心情を選ぶ場合は、文章中の情景を、心情を表す言葉に置《お》きかえたり、別の表現に言いかえたりしていることがあり、注意が必要です。

暗い情景では暗い心情を、明るい情景では明るい心情を暗示《あんじ》しています。たとえば(3)のウでは、文章中の「うらめしげ」を「うらみたくなるような」と言いかえています。

● 10日 20・21ページ

1 (1)・毎度のことだから(、なれてる)
・遊び道具を作るのも、遊びの一つだから
・いなかにゃ、何にも売ってないから

(2)イ・ウ・オ

(3)けっ、都会もんのいうことは、大げさだ!

(4)遊び道具を作るなんて

(5)(例)自分たちで作った遊び道具を使って魚つりをしたから。

考え方

1 (1)このあとの「トモ」の会話の中に、仕かけを作る理由が書かれています。

(2)「へーっ」の直後に、トモに「……感心するなよ」と言われています。また、「へーっ」に続いて「……考えたこともなかったから」とも言っています。ここから、イ「尊敬」、ウ「納得」、オ「おどろき」が感じられます。

(3)「トモってさ、すごいよな」からあとの部分で、トモは「ぼく」にほめられています。あたりまえのことだと言ってもほめ続けるので、「いなか」だからと、少してれながら言ったのです。それでも「ぼく」はすごいと言います。それでとうとう、はずかしくて「けっ、都会もんのいうことは、大げさだ!」と言うのです。

(4)ぼくが「そう思った」ことについて、トモは都会もんとばかにしたのです。それはトモにとってはあたりまえの「遊び道具を作る」ことです。

(5)お父さんとの魚つりの様子は具体的《てき》に書かれていませんが、トモとぼくの会話から、何にぼくが興味《きょうみ》を持ち、感心しているかがわかります。それが、お父さんとやった魚つりとのちがいであり、楽しかった理由です。

● 11日 22・23ページ

1 (1)B

(2)①オ　②ア　⑤エ

(3)(例)・皮ふに小さなあなが開いて、体のほねがどこかおれているから。
・ほとんどがとてもきれいな歯をしているから。

(4)①ぼくたちの感覚だけで説明してしまう(十七字)
②(例)肉食動物は、自分のなわばりだという自己主張(二十一字)

考え方

1 (1)まず、共通《きょうつう》の言葉がないかをさがします。歯のことが書かれているのは、第二段落《だんらく》と第三段落です。第二段落では、歯は年を重ねるとすりへるとあり、第三段落では、「それでは、……歯を見てみましょう」とあります。問題の二文では、歯のすりへり具合で年齢がわかる、と説明しているので、このことにもとづいて、モグラの歯をはんだんしようとしている、第三段落につながることがわかります。

(2)①「……おれているのも」と、前のことがらに加《くわ》えているので、オ「そして」が入ります。②前にある「きれいな歯をしています」について、「これらはわかいモグラで……」と説明をしているので、ア「つまり」が入ります。⑤「モグラは独特のにおいを持っています」と、あとの「人が感じるにおいと、……だいぶちがいます……」は、反対になる内容《ないよう》です。よって、エ「しかし」が入ります。

(3)仮説(仮《かり》に決めた考え)にある1「わかいモグラ」、2「肉食動物にかまれて」の二点の理由を考えます。「(死んでいたモグラは)に続けて」なので、その様子が書かれている、1は第三段落、2は第一段落から。

(4)①「多くの人」の説明は「くさいから」です。ですがそのあとに、「けもの」とはちがう「……ぼくたち(=人間)の感覚だけで説明してしまうのも問題がある」と指摘《してき》しています。
②続く三つの段落に、それぞれ三つの理由を挙《あ》げています。一つは「問題がある」としているので、可能性として低《ひく》いと考えていることがわかります。二つは「ぼくの知り合いは」なので、筆者の考えではありません。三つは「もしかしたら……かもしれません」とあるので、この最後《さいご》の段落が筆者の結論《けつろん》です。「……」部分を、指定字数に合うようにまとめます。主語にあたる「肉食動物は」を必《かなら》ず入れるようにします。

チェックポイント　問いかけのある説明文

「なぜ……なのでしょうか?」などの問いが文章中にある場合は、その答え(理由)がどこに書いてあるのかを考えながら読むようにします。対比《たいひ》しながら説明している場合が多いので、最終的《さいしゅうてき》な答え(筆者の結論)を正しく読み取ることが大切です。

● 12日　24・25ページ

1 (1)E
(2)土の中でくらす小ほ乳類
(3)(例)せまい空間で後ろむきににげるとき、長いしっぽでは速いスピードでにげられないから。(四十字)
(4)・ほかにも何かやくわりがある(のかもしれません)
・いずれ本当にしっぽがないモグラに進化する(のかもしれませんね)
(5)C　(6)イ

考え方

1 (1)つながりのある表現は、「どうやら……しっぽの毛までも、感覚そうちとして利用している」です。(E)の段落に「しっぽでトンネルの天井などにふれながら」とありますが、この部分が「感覚そうち」を受けています。

(2)「短いしっぽ」をモグラの特徴のひとつとして挙げていますが、第四段落では、モグラと同じ短いしっぽを持つものが、どのような種なのかを説明しています。

(3)第三段落《だんらく》の終わりに「だから、モグラのしっぽは短くなっている、と考えられます」とあり、「だから」の前に答えが書かれていることがわかります。「せまい空間」「後ろむき」「速いスピード」など、ポイントとなる言葉を入れてまとめます。

(4)次の段落にもしっぽのことが書かれていますが、これは「しっぽが一五ミリメートルくらい」とあるので、――③にある「こんなしっぽ」(四から五ミリメートルくらい)の内容《ないよう》ではありません。「ところが、しっぽが四、五ミリメートルでは」から始まる最《さい》後《ご》の段落に、筆者の考えが書かれています。ここでは「もしかしたらXかもしれません。あるいはYかもしれませんね。」という文の形になっていることに注目します。XとYがその二点にあたります。

(5)(6)文章構成《こうせい》の問題で、話題は「短いしっぽ」です。第一段落でまず一つ目の疑問を提示《ていじ》し、その答えは、第二から四段落にかけて説明しています。第五段落のはじめは「それじゃあ」(それでは)という話題の方向を変える接続語《せつぞくご》で、二つ目の疑問を提示します。その答えは第六・七段落で、第七段落が筆者の結論《けつろん》です。

チェックポイント　説明文の文章構成

この文章では、四段型《だんがた》の構成となっていて、それを「起承転結」といいます。

起…話題やその問題提起(第一段落)

承…問題についての具体例《れい》などを挙げる(第二〜四段落)

転…これまでとはちがう例や疑問点を挙げる(第五段落)

結…最終的《さいしゅう》な意見のまとめ(第六・七段落)

● 13日　26・27ページ

1 (1)気です。〉　(2)ウ・オ

(3)ぼくは、じ〜おもった。

(4)(例)(母さんは、口さきだけでなく、)ほんとうに、ぼくをしんらいしていたから。

(5)母さんから

考え方

1 (1)「そういう、かきだしで」が手がかりです。「かきだし」から手紙のはじめの部分だとわかります。

(2)ア「さびしくないのかい?」の質問《しつもん》に「それはさびしかったけど」とあるので×。イ「えらいね」とほめられていますが、ぼくの気持ちは何も書かれていないので×。ウ「のりちゃんと、のりちゃんのお母さんを見ていると、長崎へ帰りたいな」という気持ちがわいてきて、はなれてくらすお母さんたち家族を思い出させたのです。エ「のりちゃんのお母さんのおかげ」と感謝《かんしゃ》しているので、重荷には感じていません。オ「のりちゃんのお母さんは、やっぱり、のりちゃんのお母さんでしかない」とあるので○。

(3)答えは直後の段落《だんらく》にあります。「……とおもった」とあるので、気持ちが書かれているとわかります。

(4)直前の部分に「母さんは、口さきだけでなく、……しんらいしていた」とあります。

(5)前半は東京での「ぼく」と「のりちゃんのお母さん」の話。後半は「母さんからは、毎週」で始まる、ぼくの「母さん」の手紙の話です。

● 14日　28・29ページ

1 (1)5　(2)左右で一○

(3)①5　②2　③1　④4　⑤3

(4)イ

考え方

1 (1)接続語《せつぞくご》「そして」は、前のことがらに付《つ》け加える場合に使います。「スライダーのなかにも、左右の歯をある一定の角度で……精密機械のような役割を果たすしかけがある」とあります。これは、段落5にあるエレメントの精密さ「左右の歯のかみあいの精度が高くなければ……」に追加《ついか》して説明したことがらだとわかります。

(2)段落5に、「テープにエレメントを植える場合の……」と、植えつけの精度について書かれています。

(3)段落2は終わりに「こんなに広く普及したと言える」とあるので、③の「ファスナーの普及度」とまよいますが、「こんなに」は段落1の一文目を指しています。よって、③は段落1、②は段落2にあたります。

(4)この文章の構成を考えると、(3)で問われたように、段落1で「ファスナーの普及度」、段落2で「ファスナーの信頼度」をのべ、段落3ではその理由をさぐるために、「ファスナーはどのようにできているのだろうか」と問題提起をしています。段落4・5は、その答えです。段落6では段落4・5の内容を「高い技術を秘めているから」とまとめ、それが段落1・2の「ファスナーの信頼・普及」につながっていると結論づけているのです。アは信頼の内容がぬけているので×、ウは普及の内容がぬけているので×、エは結論とはいえず×です。

チェックポイント **重要《じゅうよう》な言葉のくり返し**

筆者の言いたいことを読む人に共感《きょうかん》してもらうために、重要な言葉はくり返しのべられます。それは、「はじめ」と「終わり」にくり返されることが多いです。この文章の場合は、「ファスナーの信頼・普及」であり、「終わり」の部分でも使われています。

● 15日 30・31ページ

1 (1)おすわさん (2)エ

(3)楽器をべんきょうするのは、お金がかかる（十九字）

(4)コンクール (5)イ

考え方

1 (1)直前に「そんな」とあるので、前に書かれている内容《ないよう》だとわかります。「ひらがな五字」とあるので、「諏訪神社」ではなく、「おすわさん」があてはまります。

(2)直前の「それを見て」の「それ」が指すものが動機です。ア・イの内容は書かれていません。ウとエでまよいますが、ぼくが見たものは「たくさんの子どもたちが……バイオリンをひいていた」すがたです。

(3)直前の父さんの言葉に注目します。

(4)直後に、「～から」「～わけだ」と、理由をしめす言葉があります。

(5)「これ」の指す内容を答えます。ふつう指《し》示語《じご》の指す内容は前に書かれていますが、直後に「じつは……」とあるので、このあとの「かぞく五人が……せいいっぱいだった」の内容をおさえるようにします。

● 16日 32・33ページ

1 (1)毎日運動を～るのです。

(2)②ウ ⑤ア ⑦イ (3)③エ ⑥イ

(4)体の細胞や～なくなった (5)ウ

考え方

1 (1)直後の段落《だんらく》のはじめに、「そのわけは、こういうことです」とあります。「こういうこと」が指す次の二文が理由です。

(2)空らんの直前の内容《ないよう》・言葉に注目します。

②「体がたくさんエネルギーを使う」→ウ「それで、体は太りにくく……」とつながります。

⑤「……危険な方法だということがわかったので」（理由・原因《げんいん》をしめす）→ア「……ぜったいにまねしないでください」と、注意をよびかけています。

⑦「わたしはだいじょうぶだったのですが」（反対の内容が続《つづ》く）→イ「みなさんなら心が弱ってしまう……」とつながります。

(3)空らんの前後のことがらをかくにんします。

③前には、「毎日運動をつづけている」こと

が正しい方法だと書かれています。あとには、わたしは「やってはいけない方法を選ん」だとあります。よって、ぎゃくの内容があとに続く、エ「しかし」が入ります。

⑥前には、「どんどん気持ちが暗くなっていった」とあり、あとには「なにもする気がなくなっていきました」とあります。よって、前の内容にあとの内容をつけ加《くわ》える、イ「そして」が入ります。

(4)続く四段落《だんらく》目に、「危険な方法」によって起こった「さまざまな変化」が書かれています。その原因《げんいん》は「食べ物の量をへらした」ことです。そのため「エネルギーがたりなくなって」、「体を動かすことがめんどうになって……、体だけでなく、頭でものごとを考えることすら、いやになってき」たのです。それで、「体の細胞や脳の神経細胞がうまく働けなくなった」という「とても危険な方法」だったとわかったのです。

(5)この文章のはじめに「まずは……お米のごはんやパンを食べないと……どうなってしまうと思いますか?」と、話題の提示《ていじ》をしています。続く段落で、筆者自身の実験について説明しています。最後の段落に「……実験で明らかになりました」とあるので、ここには⑧の問題提示と実験結果が入ります。

チェックポイント　結論をつかむ

説明文では、ふつう文章のはじめに、テーマについての問題を提示しています。次に、その問題についての結論をみちびくために、具体例《ぐたいれい》や実験結果《けっか》などをしめします。そして、最終的《さいしゅうてき》な意見(結論)としてまとめます。

「結論」を見分けるには、接続語《せつぞくご》(したがって・このように・こうして　など)や文末《ぶんまつ》表現《ひょうげん》(〜なのです・と思います　など)が手がかりになります。

● 17日　34・35ページ

❶ (1)①イ　③ウ
(2)自己の生存
(3)より生存にてきした子孫を残せる
(4)ア・エ・オ
(5)体力も頭脳も充実しているというしょうこ

考え方

❶ (1)①の直前まではオスのことが書かれていますが、①のあとは、「メスとしては……」と、メスの内容です。よって、対比《たいひ》を表す接続語《せつぞくご》のイ「いっぽう」が入ります。③の前では、羽根やひふを美しくすることは「むだな行為」で、後ろは、どちらかといえば「天敵にねらわれる危険」が高まると説《せつ》明《めい》しています。よって、ウ「むしろ」が入ります。

(2)「自分自身が生き残るうえではむだな行為です」と同じ内容が書かれた、段落《だんらく》②からさがします。また「自分自身」とは「自己」のことです。

(3)段落⑥と同じ言葉「……オスにひかれる」が段落④にあり、その直前には、あとに結《けっ》果《か》や結論をみちびく接続語の「だから」があります。よって、その前の内容に注目します。

(4)イは段落③「発想をてんかんすると……」と、ちがう見方をしめしているので×。ウは「……ジュウシマツだけではありません」と、反対の例ではなく、同じ例を挙げて説明をしようとしているので×です。

(5)(4)にあるように、結論の段落⑥からさがします。問題文の「メスはそこに(オスのどこに?)ひかれる」のかをヒントに考えます。

チェックポイント　対比か並列か

説明文においては、より説得《せっとく》力のある説とするために、前でのべた内容とちがうもの(対比)、または同様のもの(並列)を取り上げて説明することがあります。どちらの方法でのべているか、接続語などに注目してしっかりと見きわめる必要《ひつよう》があります。この文章では、段落5で並列の内容を取り上げています。

●18日 36・37ページ

1 (1)*急行も準急も停車せ・各駅停車を追いこす

＊「各駅停車の電車しか止まら」でも正解《せいかい》。

(2)幼年期・少年期・思春期

(3)ア・ウ　(4)エ

考え方

1 (1)「だから」の前の二文に、「まにあった」理由が書かれています。

(2)指示語《しじご》は、そのあと(この場合は直後)を手がかりにします。「何年何月何日からと線がひけるわけではない」とあるので、前にある「(三つの)期」です。

(3)ア「売店がなくなった」のではなく、「駅舎のとなりの売店は……うつってしまった」とあります。イ工事前は、上りと下りの線路にホームがひとつずつです。ウ文章に書かれていないことを勝手に想像《そうぞう》しないように。オ地上にはホームと柵はもうないのです。

(4)おとなになった今となっては、ふにおちないと合理的なりくつを考えたくなるが、「小さいころは……生のふしぎのままで」何の疑問もなく自然に受け入れられたものだった。そう少年期を回想《かいそう》(＝思い出)しているのです。ア・ウはおとなになって思うこと、イ「とまどうばかり」が、それぞれ×。

チェックポイント　理由がわかる接続語《せつぞくご》

「だから」「なぜなら」などの接続語については、次のことを知っておこう。

・「だから」「ゆえに」の接続語の前に、「理由」がしめされる。

・「なぜなら」の接続語のあとに、「理由」がしめされる。

●19日 38・39ページ

1 (1)①ウ　⑥イ

(2)②イ　③エ　⑤ウ

(3)ただ、知らなかったから、びっくりしたから

(4)そ、そ、そ・て、て、手

(5)(も、もしかして、)アリサをきずつけちゃった・アリサが大きな声をたてて笑っ・フォロー

考え方

1 (1)ア程度《ていど》がひどい様子で、あまりよい意味では使われません。イ言葉などが乱《みだ》れて。直前の「そ、そ、そんな……」、直後の「て、て、手足も……」の部分です。ウたえまなく、次から次へと。アリサのよび声にさそわれて、「お客さんが①やってくる」のです。エつかみどころがない様子。

(2)②は、直後の「てれくさそーに……笑った」からイ。③は、直後の「へー、お店、やってんだ」が受けているのでエ。⑤を受けるのは「そ、そ、そんな……、そんなに、黒くないよ」だからウ。

(3)少しあとに、「あたしがだまってしまったのは、……から、……からで」とあります。

(4)直前で「それ」とアリサが指しているので、言葉が乱れている「あたし」の言葉をさがします。「二つ」は大きなヒントです。

(5)解答《かいとう》のポイントは三つ。1アリサをきずつけたと思って、しどろもどろにフォローするのですが、2ぎゃくに大きな声で笑って3あたしをフォローしてくれた、その気づかい。アリサのこだわりのないきれいな心が、その笑顔に表れていたのです。

●20日 40・41ページ

1 (1)(例)①自分のものをゆずって(十字)

②食べるのを見ているばかり(十二字)

(2)(シロ)エ　(キジ)ウ

答え

(3)②オ　③ウ　④ア
(4)(例)ハヤをねらっていたカワセミが飛び去って、(二十字)

考え方

1 (1)理由は四段落目に書かれています。「タマときたら、自分の食べているものを……さっとゆずってしまう。……子猫たちが食べているのを満足そうに見ているばかりなのだ」とあります。ここから指定の文字数に合うように答えます。
(2)三段落目に書かれています。アはキジのことですが、「安全なところ」がまちがっています。イもキジのことですが、「安全なところにはこんでから食べた」とあるので×。
(3)②のあとの内容《ないよう》は、直前の段落にある「キジだって……はこんでから食べた」の反対のことをタマがしているので、オ「ところが」が入ります。③のあとの内容は直前の内容に付《つ》け加《くわ》えているので、ウ「そして」が入ります。④は、直前の理由に対して、「どうしても……魚は釣りたかった」と結論《けつろん》が続《つづ》いているので、ア「だから」が入ります。
(4)「ひとりぶたい」とは、ひとりで思うままにふるまうこと。サチばかりハヤが釣れる上に、ハヤをねらっていたカワセミが飛び去ったことでじゃまものがいなくなったのです。

● 21日 42・43ページ

1 (1)(こら)大切なもんだけん誰にも貸しちゃならん・ちっとの間
(2)②イ　③エ　④ウ
(3)天狗どん、～う見ゆる。その遠眼鏡～なはらん。
(4)①引き替えで貸そうか
②ただの釣り竿
③なれば何でンよう見ゆる

考え方

1 (1)天狗の子のせりふから読み取れます。最初《さいしょ》の「……おとっちゃんにいわれとるもん」から「うん……すんなら、ちっとの間ばい」に注目します。
(2)天狗の子は、好奇心《こうきしん》おうせいだが泣き虫。彦市は、言葉たくみでずるがしこい。それぞれの性格《せいかく》が読み取れます。②は「こらどぎゃんして……なあ彦市どん……あれ？彦市どん、何処ェ行ったつな？」の続《つづ》きなので、イが入ります。③は続く天狗の子のせりふに「おとっちゃんに怒らるる」とあるので、エが入ります。④はあとに「(姿を現して)」とあるので、「……出てこんな」と彦市をさがしているウが入ります。
(3)天狗の子の疑問「こらどぎゃして見ッとな？」や不安「おとっちゃんに怒らるる」の言葉のあとの彦市のせりふの中から、嘘をついて天狗の子をだまそうとしている部分をさがします。
(4)解答《かいとう》のポイントは三つです。はじめ彦市は何と言ってもちかけたか。二点目は遠眼鏡が本当は何か。三点目は、さらにたくみにもちかけた言葉は何かです。

● 22日 44・45ページ

1 (1)ア・エ　(2)①エ　⑤オ
(3)六十年前
(4)この絵を描いた人は、春おばさんの恋人
(5)エ

考え方

1 (1)ア「親しくしているのは……ぼく達の一家だけ」から、○。イ春おばさんの妹がぼくのおばあちゃんだから、×。ウぼくと弟は、孫のようにかわいがっているだけで、本当の孫ではないので、×。エ「結婚してご主人が……なくなった」とあるので、○。オ「長いこと住んでいた(のは)高崎」で、×。
(2)エ「おそらく」は、あとに「～だろう」などの推測《すいそく》する言葉がきます。オ「もしかし

て」は、「ひょっとして」そうではないか、と予測《よそく》します。
(3)最後《さいご》の春おばさんの言葉からわかります。
(4)「モデルは全て同じ人」で、それは「春おばさん」です。後半で「ぼく」はその考えが合っているかおばさんに聞いています。
(5)「この絵を描いた人はだれ?」では、おばさんは何も答えていません。そのあとの「この絵を描いた人は、春おばさんの恋人なの?」と聞いたとき、「今夜はツヨシくんに話してみようかな」と、語り始めるのです。孫のようにかわいがっているツヨシに具体的《てき》に、ずばりと言いあてられたことをきっかけに、話してみよう、聞いてもらおうという気持ちに変わったのです。

● 23日 46・47ページ

1 (1)ウ (2)①実効性比 ②結婚相手
(3)イ
(4)①子孫をふやす
②(例)自分の結婚相手に対して、きびしい目を持つ(二十字)

考え方

1 (1)どちらも前のことがらとは反対になるようなことがらがあとに続《つづ》いています。
(2)①第三段落《だんらく》の後半に、「生まれつき、遺伝的に決まった性比を考えるだけでは……実際の数のちがいを考える必要が出てきます。……実効性比とよびます」とあります。
②「〜相手」という表現《ひょうげん》は、第五段落にあります。「つがい」とは、二つで一組になるもの(夫婦《ふうふ》)です。
(3)接続語《せつぞくご》「つまり」のあとには、筆者がこれまでのべたことを言いかえたり、説明したりする内容がきます。したがって、前の部分に注目します。「育児のうに受け入れる卵の数には限界があり……めすたちは競っておすをもとめます」から、②は「貴重」か「重要」、③は「あぶれてくる」か「あふれてくる」(ほぼ同じ意味)が入ります。よって、イになります。
(4)「その」とは、めすが「多くのおすの中から、自分の結婚相手を選ぶこと」を指します。その理由は、以降《いこう》の段落にほ乳類の例《れい》として書かれています。そのままのぬき出しではだめなので、「おすの良さ」を「自分の結婚相手」に言いかえます。

チェックポイント 接続語に注意

文や段落どうしがどのような結《むす》びつきなのかを考えるとき、接続語がその案内役《あんないやく》をしてくれます。
・だが・しかし…前のことがらと反対となることがらがあとにくる
・それで・だから…前のことがらが原因《げんいん》となり、あとに結果《けっか》がくる
・つまり・すなわち…前のことがらについて説明や言いかえをする

● 24日 48・49ページ

1 (1)むさぼり食う (2)害虫
(3)警告色
(4)かわいらしい (5)エ (6)ウ

考え方

1 (1)同じ段落《だんらく》の最後《さいご》に「アブラムシをむさぼり食う」とあります。
(2)同文中の「益虫」とは、人間に有益な役に立つ虫のこと。その反対が有害な虫です。
(3)最後の段落《だんらく》に「テントウムシのあの派手な色合いは……他者に告げる警告色なのだ」とあります。
(4)どんなテントウムシかを考えます。直前に「じつはおそろしく……とてもまずい」とあるので、それとは反対の意味を持つ言葉を文中からさがします。
(5)直前の「このこと」が指している内容《ないよう》(=直前の段落全体)を表した文が入ります。それはまた「他者に告げる警告」であり、「宣伝」なのです。直前の段落のはじめに「テ

ントウムシは、じつはおそろしく味の悪い、食べたらとてもまずい」とあります。それと同じ内容を表すものを選びます。ア・イ「うまい」、「まずくはない」が×。ウ「栄養はかなりある」が書かれていないので×。
(6)テントウムシは、きれいで派手な見た目とはちがい、じつは食べたらまずい、ということをたとえたことわざを選びます。
ア悪いことの上にさらに悪いことが重なって起こること。

イ他人の行いのよしあしをよく見て反省《はんせい》し、自分の行いを改《あらた》めなさいということ。

ウ美しいからといって不《ふ》用意に近づくと、思わぬいたい目にあうということ。

エすぐれた才能《さいのう》の持ち主は、むやみにそれを見せつけるようなことはしないということ。よって、ウになります。

チェックポイント **重要《じゅうよう》な説明文の文型《ぶんけい》**

「たしかにAだが、しかしBである。」説明文では、ひんぱんに出てくる文型です。Aということもみとめるが、しかし筆者が本当に言いたいことはBにあります。この文章は「美しいバラにはとげがある」と結《むす》ばれますが、これ自体「たしかにバラは美しいが、しかしとげがある。」の文型として読み取れます。また、文章全体が「(たしかに)テントウムシはかわいらしい虫だ。けれどこわい虫である。」ということを、さまざまに言いかえて文章構成《こうせい》がなされています。つまり、筆者が本当に言いたいのは「テントウムシはこわい虫だ」ということです。

● 25日 50・51ページ

1 (1)からだを貝がらの外へ出さなくてはならず・安全にゾエアを海にはなすことができる・(確実に)自分の子孫をふやすこと
(2)ウ
(3)(貝がらから)身をのりだすように
ブドウのふさのような
エビのような(形)
(4)エ (5)いっぽうゾ

考え方

1 (1)・(2)先に、(2)をおさえましょう。第三段《だん》落《らく》「メスはオスにもたれたまま~」、第四段落「オスはもっていたメスをはなし~」から、ウ「オス」と「メス」とわかります。
次に(1)を考えます。オスにとっても、メスにとっても、何かよいことがあるから「もち歩いている」はずです。そのことが第六段落に書かれています。1メスにとっては、どんなことが危険なのか。2安全に何ができるのか。3オスにとっては、何ができるのか。この三点をぬき出します。
(3)「~(の)ような、ように」の表現です。
(4)主題は当然《とうぜん》「ヤドカリ」のことですが、漢字を使った言葉です。
(5)ぬき出された文には、必《かなら》ず本文につながる言葉があります。この場合は、指示語《しじご》の「そんな(理由から、オスがメスをもち歩く)」です。これは(1)の理由だから「そんな理由から~」が指すのは第六段落です。

● 26日 52・53ページ

1 (1)(例)すぐに手元からはなしてしまって、泣かなければ望みがかなえられないから。
(三十五字)
(2)②エ ⑤イ ⑦ウ
(3)③エ ⑧ウ
(4)(例)大声では泣かないで、いつもだれかにしがみついていようとする(二十九字)
(5)(例)肉食動物からの危険をさけられるから。

考え方

1 (1)「人間の赤ん坊」については、第六・七段落《だんらく》に書かれています。第六段落の「手元からはなしてしまうから」、第七段落の「けたたましく泣かなければ、……」の二か所を、指定字数内でまとめます。
(2)②前の内容《ないよう》と反対の内容が続《つづ》くのでエ。⑤

前の内容があとの内容の理由になっているのでイ。⑦ゴリラの赤ん坊から人間の赤ん坊に話題を変《か》えているのでウ。
(3)③直前に「しがみついて」とあるので、「ふりほどく」内容のイかエに結《むす》びつきます。しかし、ここでは人間に育てられているから、ウの「お母さんを求め」があやまりとなり、エ。⑧「手元からはなしてしまう」の内容に続くものだから、「ゴリラの赤ん坊も、お母さんの手元から引きはなされると……」のウ。アは「大きな声」が×。
(4)直前の段落を受けています。「それに」でつながっているので、前後にある「大声では泣かない」こと、「しがみついていようとする」の二点の内容を答える必要があります。
(5)A「泣かないほうが良《よ》いことがある」、B「泣くと悪いことがある」のどちらの理由でも答えられます。正解《せいかい》とは別《べつ》に、Bならば「大声で泣くと肉食動物の注意を引く原因になるから。」となります。

チェックポイント **説明文《せつめいぶん》における対比《たいひ》**

説明文では、筆者の考えや言いたいことをよく理解《りかい》してもらうために、ものごとをくらべて(対比して)説明する場合が多くあります。それは、くらべることでちがいや似《に》た点がわかり、読者に対する説得力《せっとくりょく》がますからです。この文章では、泣くか泣かないかについて、「ゴリラの赤ん坊」と「人間の赤ん坊」を対比して説明しています。

●27日 54・55ページ

1 (1)イ
(2)(順に)夕日(太陽)・ぼくら・ぼくら・夕日(太陽)
(3)ぼくら (4)⑤オ ⑧イ
(5)⑥まっかなうでておしてくる ⑦負けずどなる

考え方

1 (1)たっぷり遊んだ帰り道ですが、第二連《れん》に「負けずどなる」とあるように、つかれ切っている様子はありません。また、「おすなあわてるな」とあるので、早足ではありません。十分に遊んだ楽しい気持ちのまま、友《とも》達《だち》と家に帰るので、イ。
(2)第一連でよびかけられた相手に、第二連では同じ言葉を返していることをおさえます。
(3)「夕日(太陽)」が「せなかをおしてくる」ので、それに負けないように、「ぼくら」も言い返しているのです。
(4)⑤あとに続《つづ》く部分に「充足した喜びの感情」とあります。これを短く言いかえたのが、オの「満足感」です。⑧「汗もかいて……ドロでよごれて……」のあとに「しかし」とあるので、反対の言葉のイが入ります。
(5)⑥「夕日の雄大さ」と、⑦「子どもたちの姿」が対応《たいおう》しています。それを具体的《てき》に表している詩の言葉をさがします。「まっかなうでておしてくる」(夕日)に対して、(子どもたちが)「負けずどなる」のです。

●28日 56・57ページ

1 (1)(二連)8 (三連)14 (四連)18
(2)宇宙→銀河→太陽→地球→いきもの(たち)
(3)①ア ②銀河のすみっこ
(4)あくびしたり ねむったりしていた
(5)でんぐりがえり
(6)③銀河 ④宇宙 ⑤地球 (7)ふっくら

考え方

1 (1)内容《ないよう》上の区切り、表現方法《ほうほう》のちがいなどに注目します。1~7行は地球といきものたち、8~13行は銀河と宇宙のことが書かれています。14~17行は、他のまとまりと表現がことなります。そして第四連は、読み手によびかけています。
(2)第三連に注目すると「……のなかの」とくり返されており、大きい順に書かれています。また、1~4行目から「太陽」の大きさもわかります。

(3)①「ぽちっと」から、小さいものがイメージされます。②また、1行目の「銀河のすみっこで」から、大きな(広い)銀河にくらべて地球がとても小さいと感じられます。

(4)いきものたちのことが書かれているのは、5〜7行と20〜22行です。

(5)直後の「しながら」から、⑥には動作の言葉が入ることがわかります。5・6行目に「いきものたちも　いっしょに」とあるので、それより前の行に書かれている、指定字数に合う言葉をさがします。

(6)④・⑤は、空らんの前後の言葉と同じ言葉を使っている部分に注目。④は「何が」ふっくらしているのか、⑤は、「まんまるい」のは何かをさがします。③は、12行目に「たくさんの銀河」とあるので、あいさつしているのはとなりの「銀河」です。

(7)13・14行目に書かれています。

●29日 58・59ページ

1 (1)①エ　②イ　③ア　④ウ

(2)まくらことば

(3)㋐③　㋑①　㋒④　㋓②

2 (1)(季語・季節の順《じゅん》に)①蝉・夏　③菜の花・春　⑤枯野・冬

(2)㋐④　㋑⑥　㋒⑤　㋓①

考え方

1 (1)①「山に出でし」で「月」とわかります。②「色」があせていくものなので「花」です。③「ゆく」は「移りゆく」で、季節の「秋」が入ります。④「たらちねの」はまくらことば(枕詞)といい、ある決まった言葉「母・親」などにかかります。

(3)歌の意味は次のとおりです。

①(作者は中国の留学《りゅうがく》生活を終えて帰国をこころざしています。)ふるさとの春日の三笠山で見た月と同じ月が出ているなあ。

②桜《さくら》の花のように自分の容姿《ようし》もむなしくおとろえてしまったことだなあ。

③秋が深まっておとずれた薬師寺の塔の上に一片《いっぺん》の雲がうかんでいる。

④わが家へ帰ったときの母のやさしさが感じられる。

2 (1)動植物や天文(月や星など)、行事など、季節を表す言葉がないかをさがします。

(2)㋐いっぱいの緑と白い歯の対比《たいひ》があざやかで、生命力が感じられる④となります。

㋑つるべにまきついた朝顔を切るのはかわいそうだというやさしい気持ちがよく表れている⑥となります。

㋒遠い山だけに日があたっているのと対照《たいしょう》的《てき》に枯野を表現している⑤となります。

㋓芭蕉の有名な句です。しずかさを「岩にしみ入る蝉の声」でよりきわだたせている①となります。

●30日 60・61ページ

1 (1)にっぽんの言葉に通う・スペイン語

(2)イ

(3)②にっぽん(の)　③言葉に通う

(4)そのまんま、等身大で言葉になった

(5)白い風車は白い風車《モリーノブランコ》

考え方

1 (1)次の段落《だんらく》に、日本の言葉に聞こえるスペイン語の具体例が挙《あ》げられています。これを短歌では、「にっぽんの言葉に通う」と表現しています。

(2)選択肢《せんたくし》の内容が、それぞれ本文のどこにあたるかをおさえることが大切です。『あっ』と思ったことが、そのまんま、等身大で言葉になった……満足していた」とあるので、ア・エは○。「父にこの歌を見せると、なんだかピンとこない」とあるので、ウも○。イは「具体性のある」は、「ひとつ具体例を入れてみることにした」修正《しゅうせい》した歌のことなので、これが答え。

(3)直前の「にっぽんの言葉に通う意味ありて」からぬきます。②は、ひらがなから「にっぽん」、③は「心に通う」を連想するのだから、にた表現の「言葉に通う」です。

(4)「その結果だけを歌にした」のは、「にっぽんの……」の短歌です。そのあとに書かれている、この歌をよんだときの説明の中からさがします。「わたしの感じたこと」とは、『あっ』と思ったこと」です。

(5)直前の文にあるように、「結果だけを歌にした」最初《さいしょ》の短歌では、何がなんだかよくわからなかったのです。そこで、「あっ」と思った「何か」を具体的に入れたのが、「スペインの……」の短歌です。前の短歌とくらべてどの表現が変《か》わっているかを考えます。

● 進級テスト 62〜64ページ

1 (1)㋐イ ㋑エ ㋒ア

(2)おかしら

(3)・三斗ぐらいはたける大釜(十一字)

・お寺につってあった鐘(十字)

(4)①まだ釜師根性がぬけん

②あっしがつくって見せましょう

(5)仕事は弟子どもがしてきてくれるから・なかなかいいもんだわい・＊自分のしょうばいは盗人だという

＊「自分が盗人である」でも可。

2 (1)①イ ②キ ③ウ (2)イ・エ

考え方

1 (1)㋐「海老之丞《じょう》」は「じょう」から。㋑「笛をヒャラヒャラ鳴らす「角兵ヱ」獅子から。㋒「鉋《かんな》太郎」は「かんな」から。

(2)「魚の頭のように」と「ただかしらといえ」から「お」を付《つ》ければよいとわかります。

(3)弟子の「大きい家が……」の言葉のところに二つ出てきます。

(4)つい昔の商売《しょうばい》(根性)が出てしまったのです。直前の段落《だんらく》に「きさまは、まだ〜からだめだ……その手にもっている、あなのあいた鍋は」とあります。問(1)もヒントです。「(つい)いってしまった」もう一つの例は、「あれをつぶせば、まず茶釜が……うそだと思うなら〜」という茶釜の場合です。

(5)まず、あなうめの文が文章の最初(冒頭《ぼうとう》)に対応《たいおう》していることに注意します。最初は1盗人の仕事はだれがするのか。2親方になってどう思ったのか。なのに3仕事はなぜうまくいかなかったのか。それで、そんなに楽でもないなと思うようになったのです。「自覚」とは、自分の立場(この場合は盗人)をわきまえる、の意味。「しっかりはらにいれる」とほぼ同じ。

2 (1)前やあとに続《つづ》く言葉から、大好きな人を想像《そうぞう》して答えます。①「ドキドキ」なのでアとイでまよいますが、前の行が「遠くに見えたら」とあるので、近づいて来たイだとわかります。②目と目が合って、「ドキドキ」よりも強い、キの「ズキン」となります。③前の行が「はなれて行ったら」とあるので、そのあと、すがたが見えなくなって、「キューン」と切なくなったのです。

(2)たとえや倒置は使っていないので、ア・ウは×。上の言葉は八字、下の言葉は七字の音数でできているため、リズム感が生まれています。よってイは○。下の言葉にある「ワクワク」「ドキドキ」などは擬態語《ぎたいご》といい、物事の様子や感じをそれらしい音で表した言葉です。擬態語によって、感情がよりはっきりと伝わります。よってエは○。

チェックポイント **擬態語と擬声語**

擬態語とちがい、実際の音や声をまねた言葉を擬声語といいます。例《れい》として次のようなものがあります。

・犬がワンワン鳴く。

・たいこをドンドンたたく。

ふつう、擬態語はひらがな、擬声語はかたかなで表します。